ナトセン おすすめ

YA映画館
ヤングアダルト

名取弘文

子どもの未来社

あなたに

　映画好きの人や映画評論家の中には小学生のときから映画館に入り浸っていたなどと自慢する人がときどきいます。が、私は小学生のときには父に連れられて２、３度映画館に行っただけです。父は映画のことを「活動」と言っていました。活動写真と言っていたのです。今でも映画関係者は「シャシン」と言ったりします。

　夏になると、校庭にスクリーンを張っての野外上映会がありました。スクリーンの裏がどうなっているのかとのぞきに行ったり、スクリーンが風でまくられそうになると、みんなで声をあげたりと、にぎやかでした。

　映画教室というのもありました。近くの映画館に先生に連れて行ってもらうのです。映画館に入っただけでもうみんなワクワク。暗くなるとどよめき、映画が始まるとびっくり。口笛を吹いて怒られる子がいたり、スクリーンにさわる子もいました。

　中学生になってからは同級生と近くの映画館に行くようになりましたが、それも年に２、３回でした。映画の最盛期だったのでしょう。近所に３館もありました。その頃の映画館では１本のフィルムを２つ３つの映画館で回しあって上映していました。若い従業員が自転車でフィルムを運ぶのですが、遅れることがあります。観客は物語の途中で待たされるわけです。フィルムが文字通り切れてしまうこともありました。そういうときは菓子売りの人が客席をまわって売っていました。使い回したフィルムは状態が悪くなり、傷が付いているものもありました。そういうフィルムのことを「雨が降っている」と言っていました。

　高校生のとき（1960年入学）はアラン・レネ監督作品『二十四時間の情事』（1959年、フランス）を観て、ヒロシマのことをこんなふうに描いていると感激し、同監督作品『去年マリエンバードで』（1961年）の不思議な心理劇に驚きました。

　大学生になってからはアンリ・コルピ監督作品『かくも長き不在』（1960年、日本公開 1964年、フランス）を観て、戦争は終わっても人々の心の

傷は長く残るものだと思いましたが、映画はほとんど観ていません。

　そんな私が映画にはまり出したのは、小学校教員になって13年目に家庭科の専科教員になり、みんなに「家庭科はおもしろい」と吹きまくり、自主公開授業を始めていた頃でした。映画監督の西山正啓さんが「授業風景を撮りたい」と言ってきました。そして、教室にクルーが入り、映画『おもしろ学校のいち日──名取弘文の公開授業』（1985年）ができあがりました。そのドキュメンタリーを観てくれた人たちの中から映画紹介を書いてほしいと注文が来ます。家庭科の男女共修を目ざす人たちが創刊した雑誌からも連載の話が来ます。そこで映画を観出しました。

　家庭科の授業で使いたい作品もありました。琵琶湖の汚染を追った『よみがえれ琵琶湖』、小麦の粒を粉にして、うどんを作る授業を記録したドキュメンタリーなどを教室で観たのですが、子どもたちが『スタンド・バイ・ミー』（ロブ・ライナー監督作品、1986年、アメリカ）を観たい、『風の谷のナウシカ』（宮崎駿監督作品、1984年）も観たいと言うので、時間を作ってみんなで鑑賞です。『となりのトトロ』も『もののけ姫』も観ました。

　子どもに観せたい映画を探すようになり、年間100本近く観るようになって30年以上、そこでガイドブックを作りたくなりました。みんなが観ているジブリやディズニー作品は外しました。でも100本にしぼるのはけっこう悩みました。

　友人たちのアドバイスも受けながら、このようにまとめました。

　映画は笑ったり泣いたりさせてくれます。が、一方で、世界で何が起きているのか、こういう文化もあるのかと教えてくれます。観たあとで、関連した本を読みたくなります。世界史年表、世界史地図を用意しておくといいでしょう。

　では、ゆっくりと映画を楽しんでください。

目次

あなたに 3

1 学校・友だち・家族

赤い風船・白い馬 8
茜色クラリネット 10
パリ20区、僕たちのクラス 12
友だちのうちはどこ？ 14
運動靴と赤い金魚 16
ブラックボード　背負う人 18
絵の中のぼくの村 20
夢は牛のお医者さん 22
アラヤシキの住人たち 24
おくりびと 26
冬冬の夏休み 28
わたしたち 30
家族ゲーム 32
マイライフ・アズ・ア・ドッグ 34

あの子を探して 36
誰も知らない 38
おじいさんと草原の小学校 40
おばあちゃんの家 42
夏の庭 44
ぼくの好きな先生 46
世界の果ての通学路 48
プロヴァンス物語 マルセルの夏 50
お引越し 52
台風クラブ 54
オレンジと太陽 56
冬の小鳥 58
んで、全部、海さ流した。 60

2 ラブロマンス＆エンターテインメント

ひるね姫 62
夜明け告げるルーのうた 64
フラガール 66
しゃべれどもしゃべれども 68
シェルブールの雨傘 70
櫻の園 72
ウォーター・ボーイズ 74
リンダ　リンダ　リンダ 75
翔んだカップル 76

セーラー服と機関銃 78
かいじゅうたちのいるところ 80
ルドルフとイッパイアッテナ 82
ローマの休日 84
100歳の少年と12通の手紙 86
スモーク 88
ゴンドラ 90
ニッポンの、みせものやさん 92
ハイヒール 94

目次

3 文化に出会う

イラン式料理本　96
聖者たちの食卓　98
少女は自転車にのって　100
ラサへの歩き方　102
フィオナの海　104
クジラの島の少女　106
サラーム・ボンベイ！　108
サーミの血　110
セデック・バレ　112

鳥の道を越えて　114
ある精肉店のはなし　116
おじいちゃんの里帰り　118
千年の一滴　だし　しょうゆ　120
ニーゼと光のアトリエ　122
もうろうをいきる　124
きらめく拍手の音　126
旅する映写機　128

4 戦争と平和、沖縄

この世界の片隅に　132
草の乱　134
老人と海　136
標的の島　138
米軍が最も恐れた男　140
はだしのゲンが見たヒロシマ　142
ひろしま　144

いしぶみ　146
とうもろこしの島　148
空と風と星の詩人　150
もうひとりの息子　152
泥の河　154
蟹工船　156
独裁者　158

5 環境とエネルギー問題

あいときぼうのまち　162
オリーブの樹は呼んでいる　164
みつばちの大地　166
種まきうさぎ　168
水になった村　170
天に栄える村　172
ナージャの村　174
おクジラさま　176
わたしの、終わらない旅　178

放射線を浴びた〔X年後〕　180
草原の実験　182
センス・オブ・ワンダー　184
サファリ　186
木を植えた男　188
赤貧洗うがごとき　190
にあんちゃん　192
三池　194
第五福竜丸　196

読んでくれましたか？──ぼくの好きな日本の映画監督　198

学校・友だち・家族

赤い風船・白い馬

赤い風船は生きているかのように
パスカル少年とたわむれる。

アルベール・ラモリス監督作品
1956年　フランス　日本公開1956年　36分（赤い風船）
1953年　フランス　日本初公開年不明　40分（白い馬）

　　　　　ある朝、男の子は街灯にからまっている赤い風船を見つける。街灯によじ登って風船を手に入れたけど、バスに乗せてもらえない。しかたがないから走って学校に行くけれど、遅刻。
　帰りには雨が降っているので、知らない人の傘に入れてもらう。風船をぬらさないためだ。騎馬警官隊が通ったり、橋の下を汽車が通ったりと、けっこう楽しい帰り道だ。
　男の子はアパートの窓から風船を手放すけれど、風船は飛んでいかない。男の子は風船を部屋の中に入れる。
　翌朝、「言うこと聞いていい子にするんだぞ」と男の子は風船に言う。「バローン、降りてこい」と言うと降りてくるのだけど、ひもをつかませない。でも、男の子についてくる。男の子はバスに乗る。風船はバスを追いかける。
　学校の入り口では風船を取ろうと子どもたちがさわぎ出す。男の子（パスカルという名とようやくわかる）はさわぎを起こしたからと、先生に他の部屋にとじこめられてしまう。帰り道、市場に寄り道したりと「いい子」ではないパスカル。赤い風船も通りがかった女の子の青い風船について行ったりと「いい子」ではない。
　男の子たちが待ち伏せをしている。パスカルと風船は逃げる。
　教会を追い出されたパスカルがパンを買っている間に、男の子たちは風船をつかまえてパチンコで石をぶつける。パスカルが助けようとするが、原っぱでつかまり、風船はやぶられてしまう。
　しおれる風船を誰かが足で踏む。とどめをさされてしまう。と、町中で、子どもたちが持っていた風船が離れて空を飛ぶ。赤、青、黄、緑、白の風船が列をつくり、舞ってくる。
　破れた風船を手にして泣いていたパスカルは、風船の群れにつかまり、空に舞っていく。

8

解説

　早朝のパリ。うす暗い街の中、風船の赤い色が目立つ。この風船、生きているかのように動く。男の子も風船と会話をしているようだ。学校の帰り道、男の子と風船はパリの街の観光案内をしてくれる。蚤の市もある。

　この映画ほとんど台詞がない。音楽が気持ちをあらわしてくれるだけだ。

　こんな風船があったらほしくなるのが当り前だ。校門の前で子どもたちがさわぐのも、みんなで風船を追いかけるのも納得できる。

　追いかけっこをするのは、路地だったり、原っぱだったり。あたりには戦争の爪痕も残っている。映画が作られたのは1956年。戦争が終わって10年ほどしかたっていない。

　赤い風船は子どもの夢であり、大人の夢でもある。ラストシーン。パスカルは空に舞い上がる。空を飛ぶのは人の夢、あこがれ。

　この作品、1956年のカンヌ国際映画祭でパルム・ドール（最高賞）をとり、日本でも大評判だった。2007年にはデジタル・マスター版ができ、翌年には日本でも再上映された。

　『白い馬』（フランス 40分）は、アルベール・ラモリス監督の1953年の作品。南フランスの海に近い湿原に野生の馬が群れをつくっている。その中で目立つのが"白いたてがみ"だ。牧童たち（といってももちろん大人だ）はこの馬をつかまえようとするが、"白いたてがみ"は走って逃げる。囲いの中に追いこまれても逃げる（このシーンはすごい。どうやって撮ったのだろう）。湿原におじいさんと小さい妹と住む少年フォルコは"白いたてがみ"に縄をかけ、ひきずられるが手を離さない。やがて、"白いたてがみ"はフォルコにやさしくなる。牧童たちが執拗に追いかけてくる。草原に火をかけられた"白いたてがみ"をフォルコは、助け出すが……。

　『赤い風船』と『白い馬』は2007年の国際映画祭監督週間にも出品された。両作品とも作られてから60年もたつのに、ものすごく新鮮に思える。すぐれた作品は色あせないのだ。赤い風船や白い馬と仲良しになれたらどんなに幸せだろうか。子どもたちの夢を描いたアルベール・ラモリス監督に拍手。

茜色クラリネット
<small>あかねいろ</small>

中学生・高校生がつくった夢と希望の映画。
大人病をやっつけろ。

坂本優乃監督作品
2014年　日本　81分

物語

　札幌市の琴似中学校2年の茜はクラリネットを買ってもらう。うれしくて、親友夏輝に見せにいく。
　夏輝の家は古本屋だ。そこで〈夢の中に入れる〉本を手にする。その瞬間2人は夢の中に入ってしまう。「助けて」と声がする。小6のとき交通事故にあい、意識不明のまま寝たきりの藍の叫びだ。茜と夏輝は同時に同じ夢を見たのだ。
　新聞部のカメラマンの大西は「町に大人病がはびこっている」と言って、発生源を探している。大人病は、子ども時代をちゃんと過ごさないまま大人になってしまって、夢を持てない人たちの病だ。
　探していくと、なぜか藍の病室が大人病の発生源の疑いが出てくる。
　町の中では、ご当地キャラのトニ子がにぎやかにふるまっている。が、このトニ子、どこか気持ち悪い、恐い表情なのだ。
　つぶれそうな映画部の部室の片付けをしていた3人は、映画のコンテを見つける。屯田兵がいた頃の話だ。8ミリフィルムもある。部屋にあった古い映写機を回すと、トニ子に取りつかれた妹を救おうとする、ある男の物語だった。
<small>とんでんへい</small>
　が、映画は途中で終わっている。25年前の1989年に作られたことはわかるが、誰が作者なのか、なぜ途中で終わってしまったのか。
　現実に戻った茜は「大人病」にかかってしまったようなことを夏輝に言い、2人は仲たがいをしてしまう。茜は交通事故にあいそうになったり、神社でご当地キャラのトニ子に、なんとクラリネットを喰われてしまったりと、つらい状況に追いやられてしまう。
　藍を助けることはできないのか。
　大人病は町に広がってしまうのか。

解説

　この映画の茜役の佐藤楓子は13歳（中2）、夏輝役の佐藤莉奈も13歳。フツーの少女がフツーの少女を演じている。とても不思議な感じだ。楓子は「ヘコみましたが……必死に気持ちを作って」、莉奈は「2週間の長期ロケ。同じ人格を演じ続けるむずかしさを実感しました」と話している。プロの役者さんと同じことを体験したのだから、すごい。

　監督の坂本優乃は1997年生まれ。つまり当時15歳の高校1年生。「自分の感覚を信じてOKを出すようにしましたけど、本当はいつも内心ドキドキ」と話す。もしかするとプロの大監督も同じなのかもしれない。

　この映画作りを支えたのは札幌の映画好きの人たちだ（茜と夏輝が待ち合わせたビデオ店で2人が手にしたのがフランス映画『大人はわかってくれない』というのも仕掛けなのです）。2005年から「スタッフも出演者も中学生」というワークショップを始め、今回は「琴似を舞台に、中高校生といっしょに全国公開映画を創るぞ」とスローガンを掲げて製作を始めたというわけです。制作費用は市民や地元企業からの寄付（ファンディング）を集めたり、市の補助金をあてたようだ。

　そして、札幌在住の映画監督早川渉が指導役となり、プロの役者もいっしょに出演する。市民がエキストラになる。

　そう、同時に同じ夢を見たのは茜と夏輝だけじゃなかった。ワークショップのメンバーも、琴似の人たちも早川渉も同じ夢を見たのだ。

　映画が完成して、東京・渋谷での試写会で坂本監督、佐藤楓子、佐藤莉奈たちがあいさつをした。みんなヘンにテレたりせず、はきはきと話していた。自分たちのやってきたことに自信があるのだ。

　子どもの権利条約に「自分の意見を表明する権利」「いろいろな方法で表現する権利がある」とある。映画を作るというのもあるんだ。クラリネットを吹くのもそうだ。

　札幌に行く機会があったら狸小路のミニ・シアター「シアターキノ」に寄って下さい。ワークショップの中島洋さんがキノの代表です。琴似の共栄市場にも行って下さい。

　みなさんも大人病にかからないよう、いろいろな夢を見ましょう。

パリ20区、僕たちのクラス

学校はいろいろな問題をかかえている。
だから学校はおもしろい。

ローラン・カンテ監督作品
2008年　フランス　日本公開2010年　128分

物語
　　パリ20区の中学校の新学期。職員室。新任が多い。「パリ市内に異動できて」とうれしそうにあいさつする教員に「新任の先生方には根性を望みます」と返す教員もいる。パリ20区は移民が多く、いろいろとトラブルがあるという意味らしい。引継ぎでも「この子には注意」などと言っている。
　　4年目になるフランソワ（フランソワ・ベゴドー、原作者）は、4年生の担任でフランス語を教えている。持ち上がりのクラスだけど、半分は新入生。おしゃべりに夢中で、なかなか席に着かない。フランソワ先生が「1時間の授業のうち15分むだになった。1日では、1ヵ月ではムダな時間は？」とお説教をする。
　　と、1人の生徒が「1時間の授業なんてない。（1コマ）55分」と言う。揚げ足取りだ。「紙に名前を書いて名札のように机の上に置いて」と言うと、すかさず「どうして」「先生も書いたらどうですか」と、ヤジだか意見が返ってくる。
　　フランス語の勉強で「風味」の説明をさせると、「白人はチーズの臭いがする」と、アラブ系だからと差別視された経験を持つ生徒が言う。「例文の人がいつもシロばっかり」「ビルじゃなくてアイサタにしろ」と意見も飛び出す。名前もヨーロッパ系ではなく、アラブ系も入れろという主張だ。フランソワはタジタジの態。調子に乗って「先生は男が好きですか」と聞く生徒もいる。
　　激怒して職員室に戻ってきて、すごい勢いで生徒の悪口をまくしたてる教員もいる。フランソワも反抗的な生徒を放課後残して指導するが、生徒を帰したあと、椅子を蹴ったり、禁煙の食堂でわざとタバコを吸ったりする。教員もストレスが多い。
　　ある日、感情的になったフランソワは、生徒に「ペタス（下品な女）のすることだ」と言ってしまう。ペタスには娼婦という意味もあるので生徒は猛反発。荒々しく出ていこうとする女の子のバックが、他の女生徒の顔に当たって、ケガをしてしまう。

12

1 学校・友だち・家族

解説

　教育問題はどこでも同じようなものだ。
　社会は、いろいろなことを子どもに求める。矛盾していることもある。
　子どもはのびのびと育ってほしい／子どもをしつけないとだめだ
　自分の意見をはっきり言える子に／言いたいことばっかり、自分の権利ばかり言う子はだめだ
　学力をつけさせたい／詰めこみ教育はいやだ
　子どもたちは、仲良くしろ、知的であれ、自律心を持て、向上心、善悪の判断、勤労の態度、体力・スポーツの技術、芸術をたしなむ、さらに愛国心まで要求されるのだから大変だ。
　子どもたちはその圧力をはね返そうとし、矢面に立つ教員は大変だ。
　しかし、この映画はおかしさに満ちている。
　肌の色も違えば、ファッションも違う24人の子どもたち。画面がとてもあでやかだ。それだけでうれしくなる。アイデンティティも違うだろうし、生活習慣も異なる。親の職業も違う（職のない親も当然いる）。子どもの教育にかけられる経済力も違う。学力も違う。
　しかも背のびしたい年頃である。24人の子どもたちはいろいろ言ってみたり、やらかしたりするのだから、（ちょっと下がって見れば）おもしろいことばかり。
　この学校の教員だっておもしろい。運営会議でケータイの持ちこみの是非で議論したあとには、教職員のコーヒーの値上げについて盛り上がったり。ある日、1人の教員が「生徒の母親が不法滞在で逮捕、強制送還されそうだ。カンパと行動を」と呼びかけると、もう1人が妊娠したと打ち明け、みんなで祝杯をあげるという切り換えの早さである。
　この映画の原題は「壁の内側」。『教室へ』という書名で日本語訳版が早川書房から出ている。
　出演しているのは20区のある中学の生徒たち。演技なのだけど、演技とは思えないパワーに満ちている。個性が光っている。

友だちのうちはどこ？

ノートに宿題を書いてこないと退学。
アハマッドは友だちのノートを持ってきた。

アッバス・キアロスタミ監督作品
1987年　イラン　日本公開1993年　85分

　　　　小学校の朝、教室からにぎやかな声が聞こえてくる。入ってきた教師が「さわがしい」と注意する。ヘアテイが遅刻してくる。教師はとがめもせず、「どこから来ているんだ」と聞き、「そんな遠くからか」とやさしい。

　が、宿題をノートでなく紙に書いて来た子には「何回目だ」と怒り、紙を破ってしまう。子どもは「ノートはいとこのところに忘れた」と言う。いとこは同じ教室にいて、「ぼくが持ってます」とかばうのだけど、教師は「今度忘れたら退学」と決めてしまう。退学と言われてモハマッドは泣きだす。隣のアハマッドも泣きそうな顔になる。

　教師は子どもたちにノートのことをきつく言い、「家に帰ったら宿題を先にすること」と言う。

　アハマッドは家に帰ると、干してあるおむつを取りこんだり、お湯を汲んだり、赤ちゃんのゆりかごを揺すったりと忙しい。家事をすませて、宿題をしようとして、びっくり。なんと、モハマッドのノートをまちがえて持ってきてしまっている。モハマッドが退学になってしまう。ノートを届けに行こうとするとお母さんが「宿題が先よ、宿題が終わったらパンを買いに行って」と言う。

　アハマッドはそっと家を抜けだして、ノートを届けにいく。でも、モハマッドの家がどこにあるのか知らない。見当をつけて、とにかく走っていく。モハマッドがはいていたのと同じ色のズボンが干してあるのを見つけて入っていくけど違っていた。途中で自分のおじいさんに会うけれど、急いでいるのであいさつをしないで通りすぎようとして、怒られる。

　そうしているうちに、夜になってしまう。

　それでもアハマッドは走り続ける。

　友だちの家は見つかるのか。ノートは渡せるのか。自分の家に帰れるのか。自分の宿題をする時間はあるのか。

1 学校・友だち・家族

解説　1979年にイラン革命が起き、国王は海外に亡命し、イスラム教シーア派の最高指導者ホメイニ師が政権を握る。同じ年に隣国のアフガニスタンに旧ソ連が侵略してくる。翌'80年にはイランとイラクの間に9年間におよぶ戦争が起きる。

この激動の中で、映画は堕落のもととされ、映画館は焼かれ、映画製作者たちは亡命を余儀なくされる。

今では映画製作は認められているが、検閲は厳しく、違反者は処罰される。ある監督は外出禁止・映画製作禁止となり、『これは映画ではない』（2011年）という映画を自分の部屋で作り、海外で上映したりしている。そういう制約のもとで、監督たちは子どもを主人公にした映画を撮る。

『友だちのうちはどこ？』はアッバス・キアロスタミ監督の名前を国際的にした作品で、1987年のファジル国際映画祭で最優秀監督賞、最優秀録音賞を受賞している。

さて、この映画に出て来る教師はやさしいのか厳しいのか。ノートでなく紙ではいけないのか。独断で退学にしてしまっていいのかと私にはよくわからない。

キアロスタミが脚本を書いた『柳と風』（モハマド・アリ・タレビ監督、1999年）では窓ガラスを割ってしまった男の子が廊下に立たされている。教師は「今日中に直しなさい」と冷たく言う。弁償しないと退学になってしまうようだ。男の子は、転校生の父親から金を借りてガラスを買いに行くが、サイズがわからなかったり、ガラスを持ち帰る途中で強風に吹かれたりする。文房具も窓ガラスも貴重なものなのだ。

ひたすら走るアハマッドの姿は、『大人は判ってくれない』（フランソワ・トリュフォー監督、1959年）のラストや『長距離ランナーの孤独』（トニー・リチャードソン監督、1962年）と重なる。

キアロスタミ監督作品『オリーブの林をぬけて』も観てほしい。

運動靴と赤い金魚

マラソン大会の第3位の賞品は靴。
妹のために少年アリは走る。

マジッド・マジディ監督作品
1997年　イラン　日本公開1999年　88分

　アリは修理してもらった赤い靴を八百屋の横に置いてジャガイモを買う。そこにゴミ収集車が来て、靴を持って行ってしまう。あわてて靴を探そうとして、アリはトマトのざるを引っくり返してしまい、店主に怒られる。家にもどると腰の痛い母親が家主に「家賃を5か月も払っていない」とののしられている。
　アリは妹のザーラに、靴のことは母に言うなと口止めする。靴は妹のだ。妹は泣く。2人は母親にバレないようにノートで筆談する。
　翌朝ザーラは兄の靴をはいて学校に行くが、足元を隠そうとしている。体育時間には靴を脱いで、はだしではば飛びをしようとして、教師に靴をはきなさいと注意されてしまう。
　授業が終わるとザーラはかけ足で家に帰り、靴をアリに渡す。アリは靴をはくとかけ足で学校に行く。
　ある日、2人で靴を洗い、シャボン玉を飛ばしあう。ＴＶには靴のコマーシャルが流れている。
　テストの日、早く終わらせて走って帰るザーラだが、靴をみぞに落としてしまい、困りはてて泣いてしまう。町の人が拾ってくれたが、アリは遅刻。でも、テストは100点、ほうびのボールペンをもらったので、ザーラにあげる。
　ある日、ザーラは自分の赤い靴をはいてる1年生の女の子を見つけ、家までつける。が、家から出てきたのは盲目の父親。首から箱を下げて物売りに出かけるのだった。これでは靴を返してとは言えない。
　ザーラは赤いボールペンを落とす。拾ってくれたのは、自分の靴をはいていた1年生だ。
　学校でマラソン大会の選手募集のポスターが貼られている。「3等は靴」とある。アリは先生に出場させてと泣いてたのみこむ。
　マラソンは4km。アリは走る、走る。競争が終わる。底がはがれてボロボロになった靴。がっかりのアリは豆だらけの足を池で冷やす。赤い金魚が寄ってくる。

1 学校・友だち・家族

解説

　さわやかな、あたたかく観る人を癒してくれる作品だ。
　アリはちょっとシャイなところがあって、そこがかわいい。妹の靴を失くしてしまったことを貧しい親には言わない（「言えない」のではなく、「言わない」のだ）。その親思いがやさしい。妹も事情を察して、筆談で会話するなどよくできた子だ。
　2人で1足の靴をはいて交互に学校に行くのもえらい。私は1950年代に小学校に通っていたが、二部授業というのがあった。午前中の学年と午後の学年が同じ教室を使う。1週間ごとに入れかわるので、まちがえてしまうこともあった。戦争のあとで、子どもの数が急増し、校舎が足りなかったのだ。アリとザーラの学校もそうだったのだろうか。
　アリを演じたミル＝ファロク・ハシェミアンという少年は、学校で教師に叱られていて、その表情から主役に選ばれたそうだ。
　お父さんのかわりに庭の手入れの注文を取るなど、アリはなかなかの少年だ。アリの家も、ザーラの赤い靴をはいていた少女の家も貧しい。どうして、そんなに貧しいのか。
　もともとイランは豊かな地だった。京都大学名誉教授阪本寧男著『ムギの民族植物誌』（学会出版センター　1996年）を読むと、イランは「肥沃な三日月地帯」で、ムギ農耕文化の発祥地帯であったことがわかる。その豊かな地が貧しくなったのは、イギリスなどの侵略の影響だ。そして、独立後は国王の独裁、政治の無策、戦争によってますます貧困化した。
　キアロスタミ（14,15p）やマジディが描いているのはもちろん子どもの世界だ。ノートを返しに走るアハマッドも、この映画のアリもザーラも、子ども時代を十分に生きている。でも、映画が描いているのは、子どもの世界だけではない。ノートに宿題を書いてこなかったから「退学」と言う教師、遅刻したからとアリを追い返そうとする校長。学校というシステムも社会の構造の中にある。その社会には検閲制度もある。弾圧もある。思想・信条の自由はない。そのことをキアロスタミ監督もマジッド・マジディ監督も描いているのではないか。

ブラックボード　背負う人

黒板を背負って
生徒を求める人たち。

サミラ・マフマルバフ監督作品
2000年　イラン・イタリア・日本
2001年日本公開　85分

　　　教師を雇いたい人もいるのだけど、村の人は金を持っていない。黒板を背負った人はクルミ5つでどうかと持ちかけるが、誰もうなずかない。3つでどうかと値下げをしてもだめだ。
　困った教師は、結婚してもいいと宣伝する。村に若い男はいないようだ。でも、婿の口も見つからない。
　荒れた山地の道。翼を拡げたような人たちの姿が見える。翼のように見えたのは背負っていた黒板だった。この奇妙なかっこうをした人たちは、生徒を探している。
　「学校が爆撃された」「学校なんてムダだ。教師より羊飼いになれと言われた」と、このいわば教育の行商人たちはボヤく。
　そこに飛行機の爆音。村の人たちは「毒ガスだ」とさわぐ。教師たちもあわてて一か所に固まり、黒板の下に隠れる。が、赤茶色の山地に緑の黒板が集まっていてはいかにも目立つ。そこで河原で黒板に泥を塗ってカモフラージュ。
　畑で脱穀をしていたおじいさんが、息子から来た手紙を読んでくれと言う。
　若い教師は「ペルシャ語じゃないですよ。アラビア語でもない」と、とまどい「多分こう書いてあるんでしょう」と読み上げる。
　「お父さん、元気ですか。母さんにもよろしく。さようなら」。
　おじいさんは「息子は収容所にいる。いつ帰ってくる？」と聞く。教師は「きっとすぐに釈放されるよ」と答える。
　生徒も（婿の口も）見つからないまま引きあげる「背負う人」たち。村に戻ろうとする人たちの道案内をしたり、黒板を病人の担架にして運んで下山だ。

解説

　イラク・フセイン政権が、クルド民族に毒ガス攻撃をしたことを下敷きにしている。クルド民族は国を持たない。だからイラクからもトルコからも弾圧される。イラク戦争でフセイン政権が崩壊したあと、宗派対立でイラクが混乱していることもあって、クルド民族は自治権を拡大したり、国を樹立しようとしているが、どうなるのだろうか。

　校舎があって、教室がある。教室には授業を受ける子どもたちが集まっている。子どもたちは教科書やノート、筆記用具を用意している。

　教師は教室に入り、あらかじめ決められている学習内容を子どもに教える。勤務時間が終わったら家に帰る。賃金は国や自治体から、私立学校だったら経営者が支払う。これが近代の、現代の公教育だ。これに加えて国民統制に利用して、テストで子どもたちを競わせる。集団洗脳のようなものだ。多少の違いはあってもこのスタイルを世界のほとんどの学校が取っている。

　日本では、このシステムになじめない不登校の子どもが10万人以上いるといわれている。世界には学校に行きたくとも貧乏で、女だから、ストリート・チルドレンだからと、学校に入れない子どもが何千万人いるともいわれている。

　この作品では、教師が生徒を探す。近代公教育を根っこから引っくり返して見せる。そこでは教える内容も、売り手である教師と買い手である生徒の間で手探りで決めることになるだろう。カルチャーセンター、各種学校のさらに先に進んでいると、言える。

　どう考えたらいいのだろう。

　若い教師が当てずっぽうに手紙を読むシーンがある。中国映画『山の郵便配達』（フォ・ジェンチイ監督、1999年）にも、目の見えない老婆に何も書いてない手紙を読むシーンがある。子どもや親に寄り添って癒してあげる、本当はこれが教師の第一義の役割ではないかと私は思う。

絵の中のぼくの村

田島征彦・征三が子どもだった日々のことを
せつなくいとしむ。

東陽一監督作品
1996年　日本　112分

物語

　　　　トンネルを脱ける。列車から降りたのは田島征三だ。京都郊外に住む兄の征彦をたずねて来た。2人は双子だ。子どもの頃の思い出を合作で絵本にすることになったという。

　土砂降りの中、ランニングシャツの男の子が2人、釣り竿を持って走って来る。1人はバケツを持っている。1948（昭23）年。高知の村だ。征三（松山慶吾）と征彦（松山翔吾）が、姉（真々田瑞季）と母（原田美枝子）と食事をしていると、タシマのジンマ（小松方正）がバケツのナマズがくさいとどなりこんでくる。夜、2人はナマズとコイの夢を見て、いっしょにおねしょをしてしまう。

　学校に行くと、2人の絵が貼りだされている。いじめっ子たちが「ひいき、ひいき」とはやし立てる。そこに転校生センジを連れて先生が入ってくる。先生は2人の母だ。先生は授業を始める前に「征彦君、征三君の絵を貼りだしたのは、先生の子だからではありません。絵としていいからです」と毅然と言う。

　森の中の木の枝には妖怪のような3人の婆さんが「センジは感化院から出てきた」などとうわさをしている。

　釣りに行こうとする2人をジンマが「ヤギの草刈りをして来い」と怒る。2人は近くの畑の里芋の葉を切りまくる。夕方、謝りに母が行くが「どうせおまえら余所者だから、教師のくせに自分の子のしつけもできないのか」とののしられてしまう。でも2人には「気持ち良かったろうね。母さんもやってみたかった」と笑顔を向ける。

　2人は釣りに行って釣り竿でぶち合う大げんかになったり、協力して大きなゴリ（ハゼ類の一種）を手で捕らえたり、五反木綿に巻きつかれたりと忙しい。祭の夜に寄り合いの席でからむ村の衆から母を守ったりもする。

　そんな農村の暮らしの中にも貧困もあり差別もある。母親も遊びに来たセンジを家にあげない。征三も、和紙の原料作りをしている貧しい家の娘ハツミにいじわるをしてしまう。

解説

　田島征三は、絵本『しばてん』『ふきまんぶく』『とべバッタ』などで知られる。田島征彦は『じごくのそうべえ』などで知られる絵本作家だ。2人の共著に『ふたりはふたご』がある。

　映画の原作となったのは、征三作『絵の中のぼくの村』である。東陽一と中島丈博が脚本を書いた。ふしぎなシーンを2人は加えている。

　戦後、間もない1948年。高知の農業地域。若い男は戦争で死んでしまったり、傷痍軍人になってしまった時代である。農地改革で土地を取られないように、地主にたのまれて養子縁組で入って来た家族なのに余所者として扱われる。夫は県の教育委員会の役人、妻は小学校の教員。2人とも給料取りだから村人からはねたまれる。双子というのもめずらしがられ、ときにはからかいやいじめに遭うものだ。それを敏感に感じ取ってしまう2人は、パワフルに反発する。

　教室の床にしかけをして校長を滑らせるいたずらをしたのは4、5人の男の子だが、怒った校長は征三と征彦をたたき、センジをののしり、なぐりたおす。校長をにらむセンジの目がすごい。校長はエキサイトして教科書を買えないセンジを教室から追い出してしまう。

　かけっこで足の遅い征彦が皆に笑われ、こずかれると、2人は皆の靴を投げ捨ててしまう。翌朝4人組が2人を待ち伏せている。それを助けてくれたのはセンジだが、センジは学校に来なくなってしまう。

　いじめられたりからかわれることに爆発する2人が、生き生きとしている。征三と征彦を演じているのは、オーディションで選ばれた高知の双子だが、多感な征三、征彦を自然に演じている。センジ役もハツミ役もいい。性に興味を持ち出した征三に、お風呂で女の体を見せる原田美枝子の演技はさすがだ。

　高知のロケ地は、こんな農村が残っているのかと懐かしく思える。川も澄んでいる。

　バリアフリーで、視覚障がい者も聴覚障がい者も鑑賞できる。製作した映画会社シグロの努力に拍手を贈りたい。

夢は牛のお医者さん

夢を実現した少女。
26年間を追った地方局の持続力。

時田美昭監督作品
2014年　日本　86分

ドキュメンタリー

　新潟県の山の中の小学校。子どもはわずか9人。1987年にはだれも入学してこなかった。それではさみしいだろうと、集落の人が子牛を3頭プレゼントしてくれた。世話係は3年生。

　3年生はうれしくてうれしくて、子牛といっしょに運動場を走ったり、昼寝をしたり。子牛は病気になることもあるから看病もする。

　世話係が卒業するまえに子牛は売られることになった。なるべく「立派だ」と評価されたいと、子どもたちは手をかける。業者の人もセリでがんばってくれる。

　こんな体験をした子どもたちは、感性豊かになっていくにちがいない。

　卒業式。子どもたちはみんな泣く。涙は心をきれいにしてくれる。

　その中の1人、高橋知美さんは「牛のお医者さん」になりたいと思う。

　子どものころの夢はいつか忘れてしまうもの。だけど、知美さんは夢を実現させようと努力する。下宿して高校に入学するとき「3年間テレビは見ない」と決める。獣医になるには大学の獣医学部に入らなくてはいけない。入試会場に父親も付き添ってきた。が、10数倍の難関を突破するのは知美さん本人だ。

　獣医になるには国家試験もある。これも見事に合格。

　知美さんは地元の獣医になる。夢を実現させたのだ。

　結婚して子育てをしながら獣医の仕事を続ける知美さんは、中越地震で大きな被害を受けた山古志村で牛の救助にもあたっていた。

　そして、今日も雪の中、地元の牛舎に車を走らせていく。

子牛を飼ったときの夢を実現させたのは、もちろん本人の意志の強さと努力だ。でも、それだけではないという気がする。子どもたちを育んだふるさと。過疎化していく集落（過疎化させられていくというのが正しいと思う）への思い。これはいったいなんだろう。

　このドキュメンタリーは、TeNY テレビ新潟の作品。87 年から撮影が始まったが、当初は、山あいの廃校になりそうな小さな小学校に牛が来たというのを撮っていた。知美さんもその３年生の１人にすぎなかったそうだ。知美さんを追ったわけではないから、知美さんの中学生のようすはフィルムにない。

　テレビマンの時田美昭は、知美さんが下宿して高校に通っていると聞いて、びっくりしたらしい。それから知美さんの「夢」に焦点を合わせていく。「彼女の夢に密着し、見届けること」が「私の夢」と書いている。

　この番組は、日本テレビの「ズームイン!!」やテレビ新潟で何度か放送され、大きな反響を呼び起こしたようだ。

　そこに「東日本大震災」が起こり、福島第一原発が爆発する。被曝した酪農家は飼育していた牛をと殺処分したり、放置することになった。私たちはその様子と酪農家の人たちのつらい気持ちをテレビニュースやドキュメンタリー映画で見て、やはりつらい気持ちになった。

　多分、時田美昭も「夢は牛のお医者さん」と福島原発爆発をクロスさせたのだろう。

　時田は全国の人たちに見てほしい、見てもらうには「映画」化だと考えたようだ。社内の「無理だ、できっこない」という意見に「はなからあきらめるのではなく、挑戦することが大事だ」ということを、知美さんの生き方から学び、「映画」化できたと言う。

　１人の少女の夢がテレビマンに夢と使命感を与えたのだ。この映画もまた多くの人に夢と努力する意志を与えていくだろう。

　１人の少女の 26 年間を描いた作品がこうしてできあがった。地方のテレビ局だからこそ 26 年間を追えたのだ。

　ナレーションは AKB48 の横山由依だ。横山もまたタレントになりたいという夢をいだいて、実現した１人だ。

アラヤシキの住人たち

競争社会ではなく、協力社会を
——長野小谷村のある学舎。

本橋成一監督作品
2015年　日本　117分

ドキュメンタリー

　最初のラジオ体操のシーンで私は笑ってしまった。住人たちが輪になってラジオ体操をするのだけど、ぜんぜんそろっていないのだ。というか、体を動かしていない人もいる。学校で習った（教えた）ラジオ体操はアナウンサーの指示に従って体を動かし、手を振る角度、足の幅まで注意する。大きな学校だと1000人もが寸分違わず体を動かす。テレビで見る軍事パレードの兵隊の行進のようで、私はラジオ体操にいやな臭いを感じていた。

　映画のチラシの惹句に「世界はたくさん、人類はみな他人」とある。そう、以前モーターボート協会のドンが「世界は一家、人類みな兄弟」と叫んでいたことへのパロディーである。みな兄弟なら結婚もできない。みな違うから世界が成り立つ。金子みすゞは「みんなちがって、みんないい」と詩を書いている。

　アラヤシキは、自由学園の教師だった宮嶋眞一郎が「競争社会ではなく、協力社会を」という理念を掲げて創設した「共働学舎」の一つで長野県北安曇郡小谷村真木にある。だから本当は真木共働学舎という。車が入れない山道を歩いて1時間半、川を2つ渡ったところにある。白馬三山が望める。400年ほど前に開かれた集落にある。新しい屋敷だからアラヤシキという屋号だ。大きな家だが、今では一軒屋になってしまった。

　その一軒屋に12人ほどが住んでいる。生活の合図は時計や鐘ではなく板木だ。二階の軒に吊るされた板木を木槌で打つ。鹿威しの音のようで、懐かしい響きだ。

　住人の中にはさまざまな障がいを持っている人もいる。掛け合い漫才みたい

な会話をする榎戸さんが、窓拭きをしながら口ずさむのは、なんと昔のロック・バンド"キャロル"の「ファンキー・モンキー・ベイビー」である。えのさんは秋の収穫祭では、ギターを持って矢沢永吉の「時間よ止まれ」を歌った。永ちゃんがこの映画を観たら喜ぶだろうな、永ちゃんは熱い人だから、もしかしたらアラヤシキにふらりとやってくるかもしれないと私は思った。ここアラヤシキでは本当に時間が止まっているようなのだ。

　上野りなと渡邉早紀の2人は21歳。大学で実習に来て、不思議な空間に魅せられて、1年間真木で暮らすことにしたという。渡邉はこの作品のナレーターもしている。

　宮嶋信と美佐紀は真木の暮らしを支えている。信はチェロを弾く。

　浦恵理也は、夏に来て、ある日いなくなりまたある日もどってくる。恵理也を再び迎え入れるかどうかで、学舎の住人はマジに話し合う。

　冬のアラヤシキは圧巻である。小倉さんは百葉箱を高さ1メートルもの台に乗せて移す。小谷村は豪雪地帯なのだ。つげ義春のマンガ「ほんやら洞のべんさん」の宿のようになったアラヤシキの雪下ろしを、住人たちは楽しそうにやっている。巨大なつらら。天然スキー場。食料などを麓から運び上げるのは大変な仕事だろう。だけど、この作品には「大変」なシーンがないのだ。道普請（道の補修）も壁塗りも、みんな楽しんでいるようだ。

　ある日、雪の表面に虫が出てくる。目ざとく見つけた誰かが「雪虫が出てくると春になるんだよ」と言う。その一瞬をカメラの一之瀬正史が撮る。映画は監督1人で作るのではない。取材、立案、金の工面、アラヤシキまで重い機材を運び上げた人たちも映画を作った人たちなのだ。カメラマンの敏捷さも不可欠だ。

　春になり、ヤギの赤ちゃんが産まれる。赤ちゃんは母ヤギのおっぱいを飲む。宗高さんといづみさんの結婚式が行われる。信さんがチェロを弾く。アラヤシキでいっしょに暮らしてきた幸司さんが神父。野村瑞穂さんが野村流の謡で祝う。再び、田植えの季節になる。みんなの働きかたは去年の田植えと同じようだ。でも、時間は流れていく。ヤギの仔も、宗高さんといづみさんの赤ちゃんも育っていく。生命はいとおしい。

　都会の生活は便利だ。でも、不便な山の中の生活も心を癒やしてくれる。

　北アルプスの山なみが美しい。

　同名の本橋成一の写真集（本橋誠一、栗山淳）が農文協から出版されている。

おくりびと

旅立つ人を、きれいに、礼儀正しく
送りたい。

滝田洋二郎監督作品
2008年　日本　130分

物語

　　礼服の男2人が着いた家では葬式の準備をしている。2人は「納棺師」。遺体を清め、化粧し、棺に納める仕事だ。この日も、顔をふき、布をかけてから、経かたびらを脱がせ、体を消毒液に浸したガーゼで拭く。股間を拭こうとして、けげんな顔をして、社長につぶやくように言う。「ついてる、あれです」「あれって」「あれです」。遺体の顔は女だけど、じつは男だったのだ。社長は遺族に「女の化粧にするか、男の化粧にするか」と聞く。
　　画面は一転して、オーケストラの演奏会場となる。曲は「第九交響曲・合唱付」。チェロを弾く小林大悟(本木雅弘)がいる。終演後の楽屋にオーナーが来て、一言「解散だ」と告げる。大悟は1800万もするチェロを買ったばかりだ。妻(広末涼子)にも言ってなかった。
　　チェロを売り、山形の実家に戻った大悟は、求人広告に「年齢不問・高給・実質労働時間短く・正社員。旅のお手伝いをする仕事です」とあるのを見て、面接に行く。社長の佐々木(山崎努)は即決で「採用。給料は50万」と言う。飛びあがらんばかりの大悟に「この広告は誤植」と「安らかな旅の」と書き直す。
　　事務員の女性(余貴美子)は、「納棺は昔は家族でやってた。今は葬儀屋から回ってくる。社長の納棺は見事で、私のときもやってもらいたい」と語る。
　　仕事と言われて行くと、営業用DVDの撮影のモデル。紙おむつ1枚にされ、顔剃りでは頬を切られと悲惨だ。
　　本当の初仕事は、1人暮らしのおばあさんの納棺だ。腐敗しかかっている遺体に大悟は吐いてしまう。自分の体についた異臭を銭湯で洗いまくる。妻に気付かれないようにする。
　　が、ある日、妻はDVDを見てしまう。そんな仕事は辞めてくれと言って、実家に帰ってしまう。
　　大悟は、自分が何をしたいのかわからなくなってくる。

解説

　人は誰でも、いつかは死ぬ。病気、事故死、老衰、戦争、自死。今は病院で死が確認され、看護師が化粧をしてくれ、納棺は業者がしてくれる。葬儀も会館で行われることが多い。手続きは葬儀社の人がやってくれる。その意味では、死は遠くなっているのかもしれない。

　納棺師という仕事があることを私は知らなかった。映画の主人公の大悟も、たぶん、知らなかったのだろう。

　オーケストラの奏者という華やかな仕事から一転して納棺師である。とまどいもあるだろうし、音楽への未練もあるだろう。

　職業に貴賤はないというが、それは建て前。賤業とされるものはたくさんある。差別がついてまわる。

　納棺師もそのように扱われている。同級生は「もっとましな仕事につけや」と蔑視する。妻も「さわらないで汚らわしい」とののしる。葬儀の席で遺族同士で口論になり、喪主が「一生あの人みてえな仕事して、償えるのか」と、どなるのも聞かされる。「死人で食ってるんだろ」と、ののしる人もいる。

　しかし、最後の旅立ちである。きれいにしてあげたい、ていねいにしたいと、見送る人は思うだろう。だとしたら、その仕事をしてくれる人を蔑視できないはずである。差別できないはずである。

　私もこのように納棺されたいと思った。

　この映画にはもう一つのテーマがある。親と子の生き別れだ。大悟は6歳のときに女と出てしまった父がいる。大悟は父を憎んでいる。でも、その父が死んだと聞いて、大悟は父を納棺しに行く。

　2011年の大津波のとき、亡くなった人たちの傷ついた身体をできるだけもとのようにする人たちがいた。復元納棺師といわれる方々だ。ありがたいお仕事の方々である。

　『心のおくりびと　東日本大震災復元納棺師』（今西乃子著、浜田一男写真）が金の星社から出ている。涙なくしては読めない本だ。

冬冬の夏休み
<small>とんとん</small>

小学校を卒業したトントンは
夢のような農村で子どもたちと遊ぶ。

ホウ・シャオシェン監督作品
1984年　台湾　日本公開2016年　98分

　　　台湾の小学校の卒業式。「蛍の光」を卒業生が歌っている。
　　式を終えてトントン（冬冬）は、妹のティンティンとおじさんとおじさんの恋人といっしょに入院中のお母さんのお見舞いに行く。トントンとティンティンは田舎の村のおじいさんのところに預けられることになっていた。
　おじさんは恋人の下車駅で列車に乗り遅れてしまったので、トントンとティンティンは2人で目的地に向かう。駅でおじを待つことにする。駅前広場の噴水には村の子が遊んでいる。トントンがラジコン・カーを動かしていると、村の子はカメを並ばせる。すっかり仲良くなった村の子とトントンは、カメとラジコン・カーを交換する。
　おじいさんの家は立派だ。仕事はお医者さんだ。
　村の子たちが遊ぼうと誘いに来る。田にはイネがそよぎ、カエルが鳴いている。水牛を連れている子もいる。川で水遊びをする男の子たちは、ティンティンをみそっかすにする。怒ったティンティンはみんなの服を川に捨てる。
　村にはハンズという障がいのある若い女がいる。かすみ網で小鳥を捕る男がいる。この鳥捕りがハンズにいたずらをする。
　ある日、子どもたちは車から物を盗み、昼寝していた運転手たちからネックレスや腕時計を盗る2人組と出会ってしまう。被害者の1人は石で頭を割られておじいさんの病院に運びこまれる。
　おじさんの恋人が妊娠して、恋人の母親が乗りこんで来て、おじいさんは激怒して、おじさんを追い出す。
　おいてきぼりにされたティンティンは、みんなに付いていこうとして線路につまずいて転んでしまう。助けてくれたのはハンズだ。
　おじさんの結婚式に出たのはトントン1人。
　トントンとティンティンの夏休みの物語だ。
　（ラストシーンには日本の有名な歌が流れる）

解説

　台湾の巨匠ホウ・シャオシェンが、子どもの季節を描いたあたたかい作品だ。台北に暮らすトントンが、小学校から中学に進む休暇にカメラを向ける。

　ラジコン・カーとカメ。この対照が、トントンの都会暮らしと農村の暮らしの違いを象徴している。カメとおもちゃを取り換えるために、子どもたちはカメに競走をさせる。もちろんカメはまっすぐに進んでくれない。あきると、子どもたちは水遊びだ。水泳パンツなどないから、すっ裸になる子もいる。いなくなった水牛を探しに行く子もいる。

　村の人たちもあたたかい。が、もちろん悪い人もいる。障がいのある女性に手を出す鳥屋。強盗の２人組。２人組はどういうわけか、おじさんと恋人の部屋に隠れている。おじいさんに届け物に来たトントンは、２人組につかまってしまう。タイミングよく、帰ってきたおじさんに助けられるが、今度はおじさんが犯人隠匿罪（犯人をかくまった罪）の疑いで警察に連れていかれる。トントンがおじいさんに話したからだ。

　トントンとティンティンにとっては初めてのできごとばかりだろう。

　でも、こういう体験を重ねて、子どもは育っていく。

　1984年の台湾にはまだこんな村があったのだろうか。それとも、ホウ・シャオシェンが描きあげた夢の農村なのだろうか。

　この時期、ホウ・シャオシェンは『風櫃の少年』（1983年）、『童年往事　時の流れ』（1985年）、『恋恋風塵』（1987年）とたて続けに作品を発表している。この四作品を「青春四部作」という人もいる。

　『非情城市』（1989年）では、タブーとされてきた事件を取りあげ、もともとの台湾人と大陸から来た人たちのことを描いている。日本が台湾に何をしてきたのかも描かれている。

　（私は「冬冬の冬休み」と思いこんでいて、ビデオ屋さんに笑われてしまいました）

わたしたち

のけ者にされちゃうソン。
いじめにあってたジア。
10歳の女の子の人間関係。

ユン・ガウン監督作品
2016年　韓国　日本公開2017年　94分

　10歳のソンはのけ者にされている。ドッジボールのチーム分けではどちらからも指名されない。教室そうじを押しつけられても、いやと言えない。終業式のあとの教室に転校生ジアが顔を出した。ジアとソンは仲良しになる。
　お互いの家に行ったり、ジアがソンの家に泊まりこんだりする。ソンの母親は軽食店を営む。父親も働いているがアルコール依存症だ。ソンは塾にも行かせてもらえず、ケータイも持っていない。ジアの家は裕福で、塾にも通い、ケータイを持っている。が、両親は離婚して、父には新しい女がいる。母は外国人でイギリスで暮らしているとジアは言う。
　ある朝、ソンは母親に、ジアのためにのり巻きを作ってと甘える。目を覚ましたジアはうらやましそうな顔をする。
　ジアはトランポリン代も2人分払い、ソンの塾の費用をパパに出してもらうから塾に行こうと誘う。その塾には、ソンをのけ者にするリーダー格のボラも通っていて、ボラとジアは仲が良さそうだ。
　新学期、転校生としてジアが紹介される。ソンはジアを見るが、ジアはボラに手を振る。ジアの誕生パーティにソンはプレゼントを用意して出かけるが、集まっていたのは、ボアたち。ソンは家の中に入れてもらえない。
　テストの結果が発表される。ソンは点数が低い。ボラはいつものように高得点だ。が、満点を取った者がいる。ジアだ。
　ソンも塾に入る。教室に行くと、ボラが1人で泣いている。ソンはボラにハンカチをそっと渡す。
　ジアがボラたちからはずされる。ジアは塾をさぼるようになる。ボラたちは、ジアの母親が外国に行ってないとうわさを立てている。誰がボラたちにチクったのか。ある日、教室の黒板に「パパはアルコール依存症」と落書がある。怒って消すソン。誰が言いふらしたのか。

1 学校・友だち・家族

　10歳の少女たちのかけひきである。学校の中のトラブルは日本でも韓国でも同じようである。
　ソンは軽食店を営む母親にかわいがられている。元気な弟もいる。弟の面倒はソンが見ている。いい子なのだ。だけど、学校では仲間外れにあっている。ドッジボールのチーム分けでは声がかからない。コートの線を踏んだと言われてアウトにされる。ソンには納得できないことだ。不安と不満。ソンを演じるチェ・スインの表情がいい。
　転校生のジアも不安だ。前の学校では両親の離婚が原因でいじめにあっていたという。だから、力関係には敏感だ。夏休みの間、親密だったソンよりも、クラスの人気者ボラに近寄るのも、得策だからだ。
　ボラも、いつまでも自分がナンバー1とは思っていないだろう。テストでジアに負けたことから、ソンとジアを対立させる工作をする。
　大人のやっていることを、子どもたちはもっと露骨に、もっと残酷に再現する。
　ソン、ジア、ボラたちの体験と似たようなことを体験しなかった人はいるだろうか。いや、今の大人たちの間でも同じようなことはきっとあるだろう。
　子どものいじめ問題を解説する人はたくさんいる。でも、その人の周囲でも現実にいじめが起きている。そのことを明らかにしないで、いじめを解説しても意味はない。
　ソンの弟のユンはレスリングが好き。といってもいつも暴力を受けている。たたかれたらたたき返せというソンに、「そんなことしていたら遊ぶヒマがない」と答える。そうだ、そうだとうなずいてしまう。
　ソンもジアもボラも、「わたしたち」を超えて「わたし」を見つけるのにはまだ時間がかかるだろう。それでも、「生きて」ほしい。
　ユン・ガウン監督の感性がすばらしい作品。

31

家族ゲーム

家庭教師は船でやって来た。
受験生の父は成績が1番上ったら
1万円出すという。

森田芳光監督作品
1983年　日本　106分

　　「家中がピリピリ鳴っててすごくウルサイんだ」と一人言を言うのは沼田茂之（宮川一郎太）中学3年生だ。学校の成績が思わしくないので、両親は家庭教師をつけることにする。
　その家庭教師吉本（松田優作）は船に乗って来る。道を聞くのに大きな集合団地を指さして「沼田クンちはアレですか」、エレベーターの入口をさして「沼田クンちはここですか」と聞く。もちろん、無視される。
　吉本に父親（伊丹十三）は、茂之のことを問題児だと言う。吉本は父親の手に手を重ねて「何ですか、問題児って、おどかさないでくださいよ」と言う。
　吉本が茂之に「かわいい顔してるね、問題児だって」とあいさつすると、茂之は「受験生はみんな問題児ですよ」と返す。吉本は「おもしろいこと言うね」と茂之のほほにキスをする。
　夕食になる。長細いテーブルに5人で座る。食後、父親は吉本を車に誘う。成績が1番上ったら1万円払うというのだ。
　教室でテストが返される。ビリから順に点数を大声で告げる。「ブスでバカな」浜本は「エレファント・マン」のように紙袋をかぶって教卓に行く。その目は怒りに燃えている。
　茂之の点数も悪い。茂之は答案に「性根（しょうね）＝チューリップの球根、温和＝丸い形の温室、陰険＝陰でするジャンケン」などと書いていたのだ。
　国語の教科書にはゼロ戦や星座の絵がびっしり描いてある。吉本がわからない言葉や漢字をノートに書き出せと言うと、茂之は何ページにもわたって「夕暮れ」とだけ書く。
　吉本は「オレの立場はどうなるんだ」と茂之をなぐる。茂之は鼻血を出す。
　母親（由紀さおり）に同じ棟の女性が相談に来る。同居している義父があぶないのだけど、ここのエレベーターに棺は収まらないのではないかと泣くのだ。
　茂之はトップ校の西武高を受けるか、安全圏の高校を受けるかで悩んでいる。

1 学校・友だち・家族

解説

　中学３年生の、いささか覚めている受験生と、「たいしたことのない、城南大学の７年生」の家庭教師。トップ校に進学したものの将来が見えない兄。目玉焼の黄味をチュウチュウ吸うのが好きな父親。夫の顔色を伺ってばかりの母親。みんなどこにでもいそうで、どこか変な家族の物語である。

　まず、テーブルがおかしい。卓袱台(ちゃぶだい)なら円型、食卓なら方型、いずれにしても家族で囲む。顔を合わせるようにする。が、沼田クンちのは横長である。サイドテーブルを右に左に動かしてサラダを取ったりする。スタートラインなのだろうか。家族は団欒(だんらん)などしていないで、明日に向けて飛び出す準備をするということだろうか。

　決定的なのは家庭教師の吉本である。船の舳先に立って敵陣に乗りこむといった風情で登場するが、所在の聞き方でいきなり笑いを取る。沼田の家に入ると、お茶を一気に飲む。生徒のほほにキスをする、父親の手に手を重ねる。

　４人用の細長テーブルに吉本が割りこむと席はきゅうくつになる。父親は吉本にワインを勧めるが一杯だけ。あとはつがない。車の中で報酬の上乗せの相談をする（沼田夫妻は話を車の中でする）。生徒の顔はなぐる。ケンカの仕方を教える。徒然草の書き出しをうまく読めず、茂之になめられてしまう。茂之の学習図鑑をいつも見ている。

　このギャグの固まりのような役を演じているのが、ハードボイルドで無表情の松田優作だ。これもギャグだ。

　学校の教師もすごい。テストを返すのに点数の悪い順だ。個人情報もまったく無視だ。浜本ににらまれると、次の３人のテストは窓から校庭に投げてしまう。緑の人工芝に白いテスト用紙。きれいな画面だ。つらさは時にきれいなのだ。

　茂之が高校に合格し、吉本が家庭教師をやめる日、沼田家の食事会は大荒れ。「最後の晩餐(ばんさん)」のようだ。

　原作は本間洋平の同名小説（集英社）。

マイライフ・アズ・ア・ドッグ

子どもの季節には性への興味も、
つらいこともある。

ラッセ・ハルストレム監督作品
1985年　スウェーデン　日本公開1988年　102分

物語

　　　イングマルが砂浜でバック転をする。ママが声を上げて笑う。
　イングマルは続ける。「宇宙を飛んだあのライカ犬。スプートニクに積まれて宇宙へ送られた。心臓と胸に反応を調べるためのワイヤーを付けられて、さぞかしイヤだったことだろう」。
　イングマルには仲良しのカエルちゃんがいる。愛犬はシッカンだ。イングマルは自分の親指を切って、カエルちゃんの口の中につっこむ。「これで夫婦だ」と得意顔のイングマル。ママの本を見せびらかして「ママは3日で読んだ」と自慢する。ママが大好きなのだ。
　それなのに、イングマルは手が震えてミルクを自分の顔にかけてしまう、おもらししたシーツとパジャマを隠しておいて見つかってしまう、写真家のママが暗室で仕事をしているのにドアを開けてしまうといった具合だ。自分がいては、ママのじゃまになるとシッカンを連れて家出をするが、たき火が火事になり消防車が出るさわぎになってしまう。もうやることなすことがダメなのだ。
　夏休みの間、イングマルはサイドベルイおじさんのところに預けられる。「犬の病院は」とイングマルが聞くと、おじさんは「町外れだ」と答える。兄のエリクはなにも言わない。
　オーフォルシュ村に1人で汽車に乗って向かうイングマル。
　オーフォルシュ村にはいろいろな人がいる。屋根の修理ばかりしている老人、ガラス工場にはおっぱいの型のコップを作って工場主に怒られている芸術家もいる。
　子どもたちはサッカーが好き。イングマルもチームに入れてもらう。顔立ちがいいサガ。緑色の髪のことを気にしているマンネ。ペナルティ・キックを受けるとき、サガは両手を胸に当てる。イングマルは「股間に」と注意する。
　楽しい夏休みが終わってイングマルと兄エリクは自宅に帰るけど。

1 学校・友だち・家族

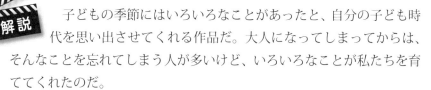

　子どもの季節にはいろいろなことがあったと、自分の子ども時代を思い出させてくれる作品だ。大人になってしまってからは、そんなことを忘れてしまう人が多いけど、いろいろなことが私たちを育ててくれたのだ。

　作品はイングマルの家庭を描いた第一部と、夏休みを過ごした村の人々のことを描いた第二部と分けることができる。

　写真家で読書家のママ（ママが3日で読んだのは『風と共に去りぬ』のようだ）。しかしママは結核で衰弱している。父親はいない。

　第二部の村の人々はおもしろい。女性下着の宣伝誌をイングマルに読ませて悦に入っているおじいさん、屋根の修理ばかりしているが凍った河で泳ぎだすフランクリン、ガラス工場で働きながら芸術家を自負する青年、彼は村一番のグラマーで美人のペリットにヌードモデルになってもらう。イングマルは裸のペリットを見たくて、屋根の明かり取りに登って落ちてしまう。一輪車で綱渡りをしようとして落ちてしまうのは、カール。そして、胸が大きくなって隠しきれなくなったら、サッカーチームからはずされてしまうと悩むサガ。

　都会育ちのイングマルにとって、村は好奇心と冒険心を満たしてくれるものだったろう。しかし、現実は現実である。自宅に戻ったイングマルと兄エリクを待ち受けていたのは母親の入院だった。救急車に寄ってくる子どもたちにエリクは銃を向けて「行け！　行け！　クソヤロー」とどなるのに、イングマルは「バスを30台並べたが」とつぶやいている。

　冬、村に戻ったイングマルは、シッカンが殺されたと知って、東家にとじこもって「ぼくはシッカンに言いたかった。ぼくが殺したんじゃない、ぼくが殺したんじゃない」と泣く。イングマルは、ママが死んだのも、シッカンを殺されたのも、自分のせいだと思っていたのだ。

　子どもの季節にはつらいこともある。

　原作はレイダル・イェンソンの同名作品（世界文化社）。

あの子を探して

13歳で片田舎の小学校の
代用教員になったウェイ。
生徒を探しに行く。

チャン・イーモウ監督作品
1999年　中国　日本公開2000年　106分

　　いかにも田舎の小学校に、村長に連れられた女の子が来る。カオ先生が母親の看病で1か月休む。その代用教員として近くの村から連れてこられたのだ。給料は50元の約束だけど、カオ先生は村長にもらえと言い、村長はあとで払うという。カオ先生は「黒板に教科書の文章を書いて写させる、チョークは1日1本、生徒が1人も減ってなければ私も10元払う」と言う。
　先生の名はウェイ・ミンジ、13歳。言われたとおり黒板に教科書を書く。子どもたちはざわつき、「習ってない」と文句をたれる。ウェイは「写して」と言って、洗濯を始める。そして、外に出て出入り口の前に座ってしまう。
　教室の中ではホエクーがさわいで、チョーク箱を落としてしまう。チョークは1日1本しか使えない。
　ある日、町の学校の先生が村長と来る。足の速い子を探しているのだ。シンホンを連れて行こうとするが、ウェイには10元がかかっている。ウェイはシンホンを隠すが、ホエクーが村長に教えてしまう。
　ある日、ホエクーが欠席する。家に行くと病気の母親が「町に出稼ぎに行った、借金が何千元もある」と言う。
　ウェイはホエクーを探しに町に行くと決める。子どもたちから「必ず返すよ」と言いわけしながらバス代を集めるが全然足りない。みんなでレンガ運びをして金をもらう。
　しかし、バス代がまったく違っていた。ただ乗りをしたウェイは途中で降ろされてしまう。荒野の1本道をウェイは街まで歩く。
　街は広い。やみくもに歩いてもだめだ。駅で構内放送をしてもらってもだめ。たずね人の張り紙を1000枚も書くが、役立たないと言われてしまう。
　テレビ局に行くが、門前払いとなる。
　ホエクーも腹をすかせて街の中をさまよっている。2人はすぐ近くにいるのに会えない。

1 学校・友だち・家族

解説

1999年ベネチア国際映画祭金獅子賞受賞作品。
　主演のウェイ・ミンジと助演のチャン・ホエクーの2人は、じつは本人。演じていたのかなぁ。

　13歳で代用教員になったウェイ先生は、じつは何もできない。子守くらいと考えていたらしい。1年生から4年生まで28人いるクラスを持たされてとまどう。おまけに賃金は払ってもらえるのかどうかはっきりしない。子どもたちはいたずら盛り。ウェイ先生は仏頂面になる。

　が、カオ先生が生徒が減っていなかったら10元払うと言ったので、それを励みとする。それなのに1人は足が速いからと引き抜かれ、もう1人のホエクーは出稼ぎに行ってしまう。

　ウェイ先生、街まで迎えに行くと決める。レンガ運びをしてバス代を稼ぐことになり、子どもたちも大喜び。ウェイ先生と子どもに笑顔がもどってくる。

　バス代とレンガ運びの賃金の計算をみんなでする。算数の授業になっている。子どもも真剣だ。出てきた知恵は「ただ乗り」。みんなでバス乗り場に押しかけ、どさくさにまぎれてウェイ先生を「ただ乗り」させる。

　街に着いて、ホエクーといっしょに出稼ぎに来た少女のアパートを探し出す。迷子になった駅まで案内してと言うと、「2元」請求される。後払いなら「2元5角」だと言われる。子ども同士なのにシビアなやり取りだ。

　街の人たちは冷たいのか親切なのか。ウェイの予算を聞いて「一番安い筆にしなさい」と言ってくれる文房具屋さん、駅の構内で「張り紙よりテレビ局」と教えてくれた人、ホエクーに食べ物を与え、皿洗いにやとってくれた食堂の女主人。

　テレビカメラの前で大泣きするウェイ先生。もう「10元」のごほうび目当てではなく、ホエクーを探し出したいと心の底から思っているのだった。

　原作は施祥生の『空に太陽がある』(未邦訳)。

誰も知らない

親に捨てられた4人は生きていけるのか。
桜の咲く季節のことだった。

是枝裕和監督作品
2004年　日本　141分

「この映画は東京で実際に起きた事件をモチーフにしています。しかし、物語の細部や心理描写はすべてフィクションです。監督　是枝裕和」と、字幕が出る。

モノレールの車両のすみに中学生くらいの少年と高校生らしい少女が座っている。少年はスーツケースをなでている。少年の顔はすっきりしているが、Tシャツは汚れ、穴があいている。

話は引っ越しの日にもどる。大家さんに、母親（YOU）は「主人は海外に出張してますので、2人です」と言う。少年（柳楽優弥）はしっかり「福島明です」と名乗る。

ところが、引っ越しのトランクの中からは小さな女の子が出てくる。もう1つのトランクからは小さな男の子。おまけにもう1人、駅には4年生くらいの女の子・京子が待っている。

つまり、明の下には女の子2人、男の子1人がいる。

明も京子も学校に行っていない。学校に行きたいと言う京子には「学校おもしろくないよ。お父さんいないといじめられるよ」と言い、明には「学校なんて出てなくたって、偉くなった人いっぱいいるでしょう。田中角栄とかアントニオ猪木とか」ととぼけている。明が「だいたい、お母さん勝手なんだよ」と批判すると、「私は幸せになっちゃいけないの」とムキになる。完璧なアダルト・チルドレンだ。

そのあげく、母親はわずかな金を置いて男のもとに行ってしまう。

子ども4人で、しかも3人はそこに住んでいることをかくして、生活していかれるのか。

明が相談できるのはコンビニのお姉さんと、「お葬式ごっこ」のターゲットにされていた紗希（韓英恵）の2人だけ。

何を決意したのか、明は3人を連れて外に遊びに出かける。桜の花の咲く町の中を走り、コンビニでカップ麺を食べ、カップ麺の容器に土を入れ種子をまく。生きたいのだ。が、この日から電気も水も止められてしまう。

解説 監督のテロップにあるように、この作品は1988（昭和63）年4月に東京巣鴨で起きた事件を題材にしている。14歳男児が2歳女児に暴力をふるって死亡させ、死体を埼玉県秩父市に埋めたという事件だ。マンションには兄弟姉妹4人が暮らしていて、母親が保護者遺棄と致傷罪で逮捕される。4人の子どもの父親がみな違うこと、次女も重度の栄養失調症になっていたこと、4人とは別に女の子（病死）の遺体が押入れに入っていたこと、さらに出生届が出ていなかったから戸籍がなく、長男長女は学校に通っていなかったことが次々とわかり、マスコミはセンセーショナルに報道した。

事件をどのように描くのかが、脚本家と監督の想像力が問われるところだ。

アダルト・チルドレンの母親は甘ったれた声で「私は幸せになっちゃあいけないの」と明に言う。考えようによっては、この母親はしたたかな女だ。次々と男を変え、5人も子を産んでいるのに、また新しい男と同棲する。

明は健気だ。コンビニでアルバイトができないかと、女子店員に相談する。店員が「警察か福祉事務所に連絡したほうがいい」とアドバイスすると、明は「そんなことしたら4人でいっしょに暮らせなくなる。前にもそういうことがあって大変だったから」と断る。親がいなくなって、兄弟姉妹もバラバラにされたら、アイデンティティがなくなってしまう。

明は店員にお年玉の袋に妹の名前を書いてもらい、さりげなく妹に渡す。妹は「京子ちゃん」と書かれているのを見て、去年のお年玉袋とくらべる。そこには「京子へ」とある。字も違う。でも、京子は明には言わない。京子もまた健気なのだ。

4人のことを本当に「誰も知らない」のか。知ろうとしなかったのか。そのあと、3人はどうなったのか。私も知らない、知ろうとしてはいけないと思う（柳楽優弥はカンヌ国際映画祭で最優秀主演男優賞を獲った）。

是枝監督は、2018年『万引き家族』で、第71回カンヌ国際映画祭のパルム・ドール（最高賞）を受賞した。

おじいさんと草原の小学校

84歳の小学1年生。
じつはマウマウ団のゲリラ戦士だった。

ジャスティン・チャドウィック監督作品
2010年　日本公開2011年　イギリス　103分

物語

　アフリカのケニア。「教育は扉を開ける鍵だ」と、政府が学校を無料にするとラジオ放送がある。2003年のことだ。
　小学校には入学届けを出す親で混雑している。その中に老人が1人いる。マルゲ（オリヴァー・リトンド）は84歳だ。校長のジェーン（ナオミ・ハリス）は入学を断る。もう1人の教師は「鉛筆2本とノートが必要だ」とマルゲを追い返す。
　翌日も来たマルゲは、ジェーンに大統領府から届いた手紙を見せ、自分の力で読みたいと訴えるが、また断られてしまう。マルゲは服を買い制服に仕立て（半ズボンとセーター）学校に行く。ジェーンはマルゲの熱心さに心を動かし、自分のクラスに迎え入れる。
　鉛筆の持ち方から教わり、「a」を書けたとうれしそうだ。マルゲ84と書いて笑う。が、マルゲは鉛筆を削ろうとしてパニックにおそわれる。
　マルゲはケニア独立のためにマウマウ団の一員として闘っていたことがある。そのために家を焼かれ、妻子を殺された。マルゲも強制収容所に入れられ、鉛筆を耳にさされたり、逆さ吊りにされ、棒でたたかれるなどの拷問を受けていた。それがトラウマになっているのだ。
　マルゲが学校に来ることをいやがる親が増え、調査官が来て、マルゲは小学校を追われ、成人学校に行かされる。が、成人学校は意欲のない者の集まりの場だった。だから、もとの小学校に行く。
　ジェーン校長はマルゲを助手として採用する。このことが知れて、マスコミが押しかける。脅迫電話もかかってくる。"分け前"を要求する者も出てくる。ジェーン校長も遠方の学校に異動となる。
　マルゲは1人でナイロビの教育庁に行き、審議官の前で「教師を返せ」と言ってシャツを脱ぐ。背中には拷問の跡がある。

1 学校・友だち・家族

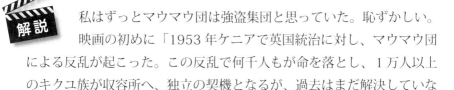

　私はずっとマウマウ団は強盗集団と思っていた。恥ずかしい。
映画の初めに「1953年ケニアで英国統治に対し、マウマウ団による反乱が起こった。この反乱で何千人もが命を落とし、1万人以上のキクユ族が収容所へ、独立の契機となるが、過去はまだ解決していない」とテロップが出る。そうだったのかと汗が出た。
　マルゲは実在の人物だ。マウマウ団の戦士だったのは30代だった。8年間も刑務所にいたようだ。子どもの頃は貧しくて学校に行けず、読み書きができないまま84歳になったが、文字を習得したいの一心で小学校に入る。周囲から見れば変な老人かもしれない。
　ズボンを短くして制服っぽくするシーンは笑わせるが、マルゲの学校に入りたい熱意をうまく表している。文字を書けたときの喜ぶシーンもいい。学ぶとは本来はうれしいことなのだ。どうして日本の学校はおもしろくなく、子どもたちは学ぶことが苦痛になってしまっているのか。
　監督のチャドウィックは、ナイロビのホスピスに入院していたマルゲに直接会ったそうだ。マルゲ役がオリヴァー・リトンドに決まる前にマルゲが亡くなったことが惜しまれる。2009年8月、90歳だった。
　マルゲは大統領選挙にからんだ暴動で家を焼かれ、テント生活をしながらも学校に通い続け、2005年には国連の国際会議でも、今なお学校に通えない1億人以上の子どもたちのためにスピーチも行っていた。
　ジェーン校長が部族対立をあらわにする者に向かって、「みんなケニア人！」と言うシーンがある。植民地だったとき、イギリスが部族対立を煽（あお）った「過去」がまだ解決していないことを超えようとしている人たちもいるのだ。
　この作品の原題は「ザ・ファースト・グレーダー（The First Grader）」だ。「1年生」という意味だ。
　『世界の果ての通学路』（48,49p）といっしょに観るとよくわかる。

41

おばあちゃんの家

ソウルから山の中のおばあちゃんの家に
預けられた男の子。

イ・ジョンヒャン監督作品
2002年　韓国　日本公開2003年　87分

　　　　列車から小型バスに乗り換える。九十九折り(つづらお)の道を登っていくバスの中では村の人たちがネギを自慢したり、ニワトリを見せたりしている。母親に連れられて7歳のサンウ（ユ・スンホ）は山の中のボロ家に着いた。初めて会うおばあちゃんは腰が曲がり、耳が聴こえず口がきけない。母親は17歳のとき家を出た。失業して新しい就職先を見つけるまでの2か月間、サンウをおばあちゃんに預けに来たのだ。そして、ソウルに帰ってしまう。
　どこだかわからない山の中の村に置いていかれたサンウは、おばあちゃんのことを「耳の聞こえないバカ、まぬけなばあさん」とののしる。テレビも映らないので、サンウはゲーム機で1人遊んでいる。食事も母親が持ってきた缶詰をおかずにしている。
　ある日、ゲーム機の電池が切れてしまう。サンウはおばあちゃんにお金をもらおうとするが、お金はない。サンウは八つ当たりして、おまるを壊し、靴を隠し、バカと落書きする。ついにはかんざしを盗んで雑貨屋に行く。が、店には乾電池はない。店のおじさんは盗んだかんざしと見破り、サンウの頭をたたく。
　缶詰もなくなり、何も食べようとしないサンウに、おばあちゃんは食べたいものを聞く。手を口に当て、頭に当てて、サンウはマック、ピザ、フライドチキンと言ったつもりだ。が、おばあちゃんには何のことかわからない。とさかと尾羽の身ぶりでチキンとわかったおばあちゃんは、かぼちゃとニワトリを交換してくる。そして、ニワトリを茹(ゆ)でる。サンウは「どうして溺(おぼ)れさせたの、ケンタッキーじゃない」と泣く。
　翌朝、おばあちゃんの様子がおかしい。サンウは毛布をかけ、タオルで額を冷やし、とり肉を食べさせて、看病する。
　元気になったおばあちゃんはサンウを連れて町にかぼちゃを売りに行き、靴を買ってくれ、うどんを食べさせてくれる。

解説

　ソウルでシングル・マザーに育てられてるサンウはファースト・フードを食べ、ゲーム機で遊ぶわがままな男の子である。山の中のおばあちゃんの家に連れて来られて、困ったことだろう。

　が、おばあちゃんはサンウをかわいがってくれる。村の人もやさしい。

　サンウも次第にすなおになっていく。おばあちゃんが洗濯物を干して出かけたとき、にわか雨が降ってくる。サンウは初め自分のものだけ取りこむが、おばあちゃんのものも取りこむ。雨があがると、無造作に干すが、しばらくしてもと通りに干し直す。取りこんだことに気づかれないようにだ。サンウは自分の変化にテレている。

　山の中の村の風景もサンウの心をいやしてくれる。村の少女ヘヨンが気になるのだが、ヘヨンはチョリと仲がいい。2人が手をつないで歩いているのを見たサンウは、「暴れ牛が」とウソをつくが、数日後にはカートに乗って坂道を下りていてころんでしまう。そこに本当に暴れ牛が来る。危ないところをチョリが助けてくれる。

　夏休みも終わろうとしている。サンウはおばあちゃんに字を教えるが、「身体が痛いときは何も書かずにぼくに手紙を」と言う。おばあちゃんのためにたくさんの針に糸を通しておく。おばあちゃんもサンウも泣く。観客の私たちも泣く。

　帰る日、バス乗り場のシーンはもう涙、涙だ。

　原題は「家へ」だ。脚本を書き監督をしたイ・ジョンヒャンは、1964年ソウル生まれの女性だ。舞台となったのは忠清北道の永同(ヨンドン)で、海抜800メートルの村。おばあちゃん役はその村の人で、映画を観たこともないという素人だそうだ。ほとんど奇跡のような作品である。

　でも、ケンタッキーフライドチキンを見たことも食べたこともない人に身ぶり手ぶりで説明するのはむずかしいだろうな。

夏の庭　The Friends

人の死を見たい３人とおじいさん。
が、いつの間にか家族みたいになる。

相米慎二監督作品
1994年　日本　113分

物語

　　小学６年生のサッカー好きの３人が、「死」とはどんなものかと確かめたくて、近くのボロ家に住んでいる老人をのぞきに行く。
　　悪臭がただよっているので死んでいるのかと思いきや、老人（三國連太郎）は生きている。３人は買い物に行く老人のあとをつけたり、病院にようすをのぞきに行ったり、家をのぞいたりしているが、ある日、老人の家のゴミ出しをするようになる。
　老人は自分の身の上を語ったりする。老人は戦争のあと別れた妻がいると言う。３人はその女性を探す。意外にも近くの老人ホームにいることがわかる。
　何を思ったのか、おじいさんが３人を招き寄せる。３人に、庭にロープを張らせ、洗濯物を干させる。庭のぼうぼうの草を抜かせる。おじいさんは口笛で「戦友」を吹いている。
　３日間かけて草刈りが終わると、おじいさんがスイカを出す。庭にコスモスの種をまき、障子を張り替えたり、ガラス屋を呼んだり、家の修理をして、仕上げにペンキをに塗る。ほとんどボランティアだ。
　３人はホームに行く。玄関に出て来たのは３人の担任をしている近藤先生（戸田菜穂）だった。探している古香弥生（淡島千景）の孫だと言う。が、弥生は自分の夫は死んだと言う。
　近藤先生はおじいさんの家に訪れて、自分はあなたの孫だと名乗る。が、おじいさん＝傳法喜八は人違いだと言う。
　ようやく、おじいさんは妻に会いに行く決心をする。３人はその日サッカーの試合だ。試合が終わっておじいさんの家に行く。

解説

　少年少女を主人公とした作品をこれまでに4本撮ってきた相米慎二（52,53p 54,55p 76,77p 78,79p）が、湯本香樹実の同名小説をもとに田中陽造の脚本で監督した作品。が、湯本香樹実は「きびしくはげましてくださったひこ・田中さん、しどろもどろに最初の思いつきを話した私に『書けば』と言ってくれた相米慎二さん、ほんとうにありがとう」と小説のあとがきに書いている。小説が刊行されたのが1992年だから、相米監督は映画化の構想をすでに練っていたのだろう。ひこ・田中は『お引越し』の原作者なのだから、3人の協同作品ともいえそうだ。

　今日、自分の家で死ぬ人はほとんどいない。誕生がそうであるように、死も病院でがほとんどだ。それに親戚付き合いもうすくなっている。身近な人の死に接したことのない子どもは多い。それは子どもの成長にとっていいことなのかどうか。

　また、この作品には今はしなくなった家事が出てくる。障子の張替え、ガラスの修理（板ガラスを切ってサイズを合わせる）、ペンキ塗り。あまりしなくなった、畳干し、包丁研ぎのシーンがある。草刈りもそうだ。こういう家事がじつは家族を結んでいると、監督は言いたいのだろうか。

　おじいさんの話す戦争体験もリアルだ。加害者であり、殺人者であったことを話す。

　映画の副題は原作小説と同じく「The Friends」とある。これは少年たちの友情と成長の物語でもある。アメリカ映画『スタンド・バイ・ミー』（ロブ・ライナー監督作品、1986年）を下敷きにしているのではという指摘もあるが、おじいさんとの擬似家族のこと、戦争体験、夫婦であったことをなかなか認め合わないことなど、一味ちがうと私は思う。

　相米慎二は2001年9月、肺ガンで亡くなった。53歳の若さだった。でも、たくさんの作品を残した。

ぼくの好きな先生

1クラス学校の子どもたちの成長ぶり。
一度も怒らない先生。

ニコラ・フィリベール監督作品
2002年　フランス　日本公開2003年　104分

　　　　雪が降りつける中、村人が牛の群れを追い立てている。風もうなっている。
　教室の中は暖かいようで、カメが2匹のそのそと歩いている。
　スクールバスが子どもたちの家を回って学校に向かう。中高地の農村だ。歩いて来る子もいる。入口では先生が待っている。
　先生は静かな声で小さい子に文字を教える。先生は初老の男性でメガネをかけヒゲを伸ばしている。高学年の子は、先生の読む文章を書き取っている。うまく書けない子もつづりをまちがえる子もいるが、先生は大声をあげたりはしない。
　ある日は、小さい子は塗り絵、高学年は分数の勉強。もちろん気乗りのしない子（ジョジョ）は休み時間なしになってしまう。外では雪合戦。雪玉が当たって泣く子もいる。
　クレープ作りの時間もある。たまごを割るのも学習だ。失敗して泣く子もいる。焼きあがったクレープをフライパンでひっくり返そうとして床に落とした子もいる。この子は泣かなかった。
　ケンカをした6年生2人にも、先生は頭ごなしに怒ったりしないで、ケンカになった理由を聞き、諄々（じゅんじゅん）と「力くらべをして何になる」と説く（このシーンはすごい）。ケンカをしたオリヴィエは酪農家の子だ。トラクターを動かし、牛にエサをやり、牛舎のそうじをする。だけど、勉強は苦手で算数の復習をして3×6＝12と解いて、母親にホッペをたたかれる。お父さんやおじさんや中1の兄も出てきて、算数を教えこまれる。
　先生は親と面接もする。算数の教え方がわからないという親もいれば、自閉

的な子のことを話す親もいる。このシーンで、この先生の名前が初めて出てくる。ロペス先生というのだとわかる。

　つまり、ここまでこのドキュメンタリー作品には説明的なことはまったくない。場所はどこなのか、どんな村なのか。どういう学校なのかは観る側が画面から読み取るか想像するしかない。それがニコラ・フィリベールの作風なのだ。

　ロペス先生は「また書き取りか」と自分の独り言に苦笑し、高学年の子に「先生は書き取りを続けてもう35年になる。この学校に来てからは20年だ。書き取りをさせるのもあと1年半だけだ」と話す。先生の身の上話を聞くのはおもしろい。子どもたちはいろいろと口をはさむ。

　この小学校は村に一つ。1年生から6年生までが同じ教室で学ぶ。先生は学校に住んでいる。ロペス先生は20年も同じ学校にいる。子どもたちの親も教えているわけだ。

　中国映画『あの子を探して』(36,37p)も「1学級学校」で1年生から4年生までがいっしょに学んでいた。カオ先生も学校に住んでいて、村の人に尊敬されていた。学年ごとに分けるのが当たり前、教員も6年くらいで異動という日本の教育システムがいいのかどうか考えさせられる（日本でも6年間、9年間同じ担任という学校もある）。

　このドキュメンタリーの主役はロペス先生だ。でも、子どもたちも主役だ。文字を覚え、文章を書き取れるようになる。数字を書き、計算し、直径・半径という概念を持てるようになる。子どもたちはケンカをしたり、泣いたりして育っていく。ニコラ・フィリベール監督のカメラは子どもたちに警戒されることもなく溶けこんで、子どもたちの表情を美しく撮っている。

　羽仁進監督の『教室の子供たち』(1955年)も教室にカメラが入ったのだけど、あまりにも自然に撮れているので、段ボール箱の中に隠れて撮ったのかと言われたそうだ。すぐれたドキュメント作家は子どものじゃまにならないのだ。これは教師にもいえる。ジョジョがマーカーで両手を汚し、（おでこも）、ロペス先生に見せるシーンはかわいい。子どもはいとおしいと思わせてくれる。

　ニコラ・フィリベール監督は、この作品で各地の映画祭で賞をたくさん受けている。他にも『パリ・ルーヴル美術館の秘密』(1990年)、『動物、動物たち』(1994年)、『かつて、ノルマンディーで』(2007年)などの作品がある。

世界の果ての通学路

ゾウに襲われないように
気をつけて学校に通うマサイの少年。

パスカル・ブリッソン監督作品
2012年　フランス　日本公開2014年　77分

ドキュメンタリー

　砂漠で穴を掘り、にじみ出てくる水を汲み、顔を洗い、制服を洗濯する少年ジャクソンは11歳。ケニアのライキピアに住む。炭焼きの手伝いをしたり、料理を作ったりもする。学校までは15km、2時間。気をつけるのは交通事故ではなく、ゾウに襲われること。妹と2人で通学するのだけど、ポリタンク持参。キリンの群れがいたり、ゾウに襲われそうになったり、休憩して果物を食べたりと15kmの道は遠い。

　ザヒラは12歳。モロッコのアトラス山脈で暮らしている。おばあちゃんに本を読んであげたり、洗濯をしたりと元気な女の子だ。学校までは22km。4時間。宿舎があるから、毎週月曜日に登校する。ニワトリを1羽持っていくのだが、どうするのだろう。途中で友だちと待ち合わせるが、1人が足を捻挫してしまう。そこでヒッチハイクをする。車はなかなかつかまらない。学校に遅れないかと気になる。でも、ザヒラは「乗せてくれる人はいるはずだ」と気丈だ。3人が乗れた車は羊を運ぶトラック。運転手と助手は途中で車を停め、お祈りをしている。まじめなイスラム教徒だ。学校に間に合うのか。

　アルゼンチンのパタゴニアに住むカルロスは11歳。羊を飼っている。学校までは18km。1時間30分。妹と2人で毎朝馬に乗って学校に通う。山道だから馬を歩かせるのも気をつかう。すべりやすい所も川もある。途中のほこら（道祖神）にたすきをかけてお祈りする。妹に手綱をとらせたりと、やさしい。

　インドのベンガル湾のサミュエルは13歳。学校までは4km。1時間15分かけて毎朝通う。サミュエルは足に障がいがある。おかあさんがリハビリをしてくれる。学校には車椅子で通う。弟2人が引っぱったり、押したりし

てくれる。牛に襲われてころんだこともあるそうだ。

　近道だからと選んだルートは川を横切る。サミュエルたちは（空想の列車で）アメリカまで1時間、アフリカまで5分などと冗談を言っているが、車椅子のタイヤが外れてしまう。途中で直してもらって、ようやく学校に到着。クラスメートが教室に運んでくれる。

　4人の子どもたちは違う大陸に住んでいる。でも、4人とも瞳が輝いている。学校に通うことが喜びなのだ。だから、気が遠くなるほどの時間をかけて、学びに通う。

　4人の子どもは目標（夢）を持っている。インドのサミュエルは「立派な大人になりたい。ぼくのような子どもは学校に通わせてもらえない。ぼくの家は貧乏だけど、学校に行かせてくれる。だからがんばらなきゃね」と言い、「将来は医者になってぼくのような子どもを歩けるようにしてあげたい」と語る。

　パタゴニアのカルロスは「大人になっても地元にいたい。先祖代々の土地に住みたいんだ。将来は獣医になる」と言う。

　モロッコのザヒラは「夢は医師よ。病気の人を治して助けてあげたいの。貧しい人々の力になりたい。遠い村に住む女の子たちが勉強を続けるための手助けをしたいな」と語る。

　ケニアのジャクソンは「一生懸命勉強して、学校を卒業すればいい仕事に就けるはずだからさ。パイロットになって世界中を空から眺めるんだ」と話す。

　現状もきちんと知っているのだ。

　DVDには映像特典がついている。ケニアのジャクソンと妹のサロメが日本の上映会で記者会見をしているシーンがある。その中で、ジャクソンは、日本の不登校の子どもに向かって、とにかく学校に通おうと呼びかけている。あまりにまっとうなので、テレてしまうが、学校に行くことが解放につながる人たちと、学校から解放されたい日本の子どもたちの違いがはっきりある。

　パスカル・プリッソン監督は学校に通うマサイ族の少年に出会って、このドキュメンタリーを作ることにしたと話しているが、インドやモロッコ、アルゼンチンの子どもはどうやって見つけたのだろう。

プロヴァンス物語 マルセルの夏

尊敬する父、大好きな母。
マルセル一家はバカンスに
プロヴァンスに出かける。

イヴ・ロベール監督作品
1990年　フランス　日本公開 1991年　105分

　　　　南フランス、プロヴァンスでマルセル（ジュリアン・シアマーカ）は生まれた。父のジョゼフ（フィリップ・コーベール）は小学校の教師。母はオーギュスティーヌ（ナタリー・ルーセル）。19世紀の末のことだ。高地の山の風景が美しく、空は青い。
　田舎の小さな小学校。教師は父だけ。教室と住居はつながっていて、母親は買い物に行くときはマルセルを教室に置いていく。父の美しい声とていねいな黒板の文字のせいか、幼いマルセルは字を覚えてしまう。父親は喜ぶが、母親は脳が爆発すると言って、読書を禁じてしまう。
　新世紀になった年。父はマルセイユの大きな小学校に栄転になる。父は子どもたちに新しい時代のことをはりきって語る。弟も生まれる。
　マルセルは6歳近くなり、学校に入る。でも授業はつまらない。おばさん（母の妹）が結婚する。相手のジュールは金持ちで気前がよく、おまけに大公園の持ち主とマルセルは聞いていたのだが。
　夏休み。父のジョゼフはジュールおじさんと共同で別荘を借りる。山は美しく空は澄みきり、セミの声、水遊び、庭での食事。
　狩りの解禁日。ジョゼフとジュールはマルセルを置いていってしまう。後を追ったマルセルが崖の上から2人を見ると、ジュールはいっぱい獲物をぶら下げているのに、父は手ぶら。そのうちマルセルは迷子になって、土地の少年リリと知り合う。父も大きな鳥を2羽仕留めた。マルセルは崖の端に立ち、2羽の羽を拡げる。
　夏休みが終わる。マルセルはここに残って仙人になろうと思う。書き置きを残し、リリに手引きされ、マルセルは家出をする。が、すぐ心変りして、別荘にもどる。
　マルセルは父のことがいっそう好きになっているのに気づく。来年もまたここに来ようと思うのだった。

1 学校・友だち・家族

「プロヴァンス物語」と頭にある。南フランスの美しい風景と暖かい家族の物語だ。

　小さな小学校で父ジョゼフが教えているのは、ラ・フォンテーヌの寓話。教師にとって「声」も大切なのだと、もと教師の私は思った。声は変えることができないけれど、せめてきれいな言葉を使うようにしよう（中国映画『初恋のきた道』（チャン・イーモウ監督）の教師もいい声で、近所の人たちが範読を聴きに集まるシーンがある）。

　マルセルは立派な父と、やさしい母の愛を受けて育つ。弟も妹もかわいい。マルセルは3歳で文字を覚え、本を読むほど勉強ができる。それを喜ぶ父と、逆に心配する母。親としてはうなずけるところだ。

　時代は20世紀の初め。ジョゼフは転勤先の小学校で「新時代だ。労働者も週1日は休みになる。人は皆尊敬される」と話す。新しい世紀に科学や技術が進歩して人間を幸せにしてくれると信じられていたのだ。でも、現実はそうはならなかった。1914年には第一次世界大戦が起き、1939年には第二次世界大戦が起きている。

　21世紀を迎えるときにも「新時代だ」と説く人たちがいた。でも、現実はどうか。

　ほんの短い間の、中流階級の夢のような生活を描いた映画なのである。小学校教師の家族がこんなふうにバカンスを過ごせたなんて、うらやましいことだ。でも、だからこそ、このような生活を過ごしたいと思う観客に受けたのだろう。

　マルセルとは、原作者パニョルの名前だ。劇作家、映画作家、小説家として有名な人だ。本人の回想録がこの映画のもとになっている。

　それにしてもプロヴァンスの美しさはいいようがない。撮影はロベール・アラズラキだが、見事にプロヴァンスを撮っている。ウラジミール・コスマの音楽もおだやかだ。

　続編は『プロヴァンス物語　マルセルのお城』（1990年）。

お引越し

親の離婚に揺れる12歳の少女レンコ。
テーブルは三角形だ。

相米慎二監督作品
1993年 日本 124分

二等辺三角形のテーブルに父ケンイチ（中井貴一）、母ナズナ（桜田淳子）、娘レンコ（田畑智子）が座って朝食を食べているが、気まずそうだ。父と母が別居することになったのだ。レンコにはどうしてなのか納得いかない。レンコは母と暮らし、父が出ていく。

引越し日の昼休み、学校を抜けだしたレンコは全力で家まで走る。土手で寝ていた父にボクシングをしかける。父はコーチだった。いったんは車を見送ろうとしたレンコはまた走って車を追いかけ、荷台に上がり、父の家に付いていく。

夜、ナズナはレンコを「２人の門出や」とレストランに連れていく。「家が２つでええやんか」とレンコは言うが、ナズナは離婚届の用紙を出し「ケンイチがサインしてくれたら、私は自由や」と叫ぶ。

翌日、学校から帰ると、壁に大きな紙が貼ってあり「２人のための契約書」が書いてある。ナズナは１ｍのものさしを持ち、レンコを正座させて、契約書を読ませる。「トイレのそうじは、洗濯は」レンコは途中で読むのをやめてしまう。夜、父から電話があり、レンコは「漆場です」と嬉しそうに話すが、ナズナは電話を切ってしまう。

給食のとき、みんなはレンコのことをうらやましがる。夏休みの宿題の題が「家族のこと」だ。書くことがないと言って、「レンコのところはお父はんて、家で仕事をしていて、２人は仲ええやろ」と言う。レンコも「２人で映画館に行ったり、お母さんが父の髪の毛を切ったり」と答えていると、「気持ち悪い」とののしられる。サリーだ。２人はほほを平手でたたき合う。

放課後、ゲーセンでレンコはサリーに声をかけられる。サリーの両親も離婚して、母子で京都に来たとわかり、２人は仲良しになる。

と、今度は女の子たちがレンコをなじる。レンコは理科の実験で扱っていたアルコールランプを女の子たちに突きつけ、止めに入った教師（笑福亭鶴瓶）がアルコールランプを取り上げようとすると、机の上に落とし、ボヤ騒ぎを起こしてしまう。

1 学校・友だち・家族

解説　ひこ・田中のデビュー作を映画にしたもの。

　三角形のテーブルは、レンコにとっては父とも母とも等距離で、3人で家族を作っていたという心理を表しているのだろうか。それなのに、ある日、その三角形が壊されようとする。レンコにとっては訳がわからない。クラスメートに離婚のことを悟られないようにうそを言う心理はよくわかる。

　ボーイフレンドのミノルは、レンコとサリーのたたき合いのあと「漆場、何かあったやろ」と声をかけてくる。レンコも素直に「父が出て行ったわ」と言う。サリーもゲーセンで遊んでいたレンコに声をかけ、(両親の離婚のことを)「見ればわかるよ」と言う。子ども同士では理解し合えるのに、大人は子どもの気持ちがわからないのだろうか。

　レンコは「もとの生活を返せ」と部屋にポスターを貼り、旅行会社のユキオ（父の後輩）に琵琶湖旅行の手続きをしてもらう。去年3人で行ったところに、また3人で行けば家族関係を修復できると考えたのである。

　京都も琵琶湖も夏祭りの最中、祭りの様子も花火もたっぷり見せてくれる。相米監督の演出が幻想的で少女の悩みと成長を暗示している。

　子どもにとって、家族はあたたかくて安心できる関係だという人が多いけれど、現実にはいろいろなことがある。両親の仲が悪く、トラブルが続く家族もあれば、失業などで子どもに不安感をいだかせることもある。

　離婚はその最たるものだろう。なぜ離婚なのか、子どもには理解できないだろう。おまけに、父に付くか母に付くかと選択をせまられたら困ってしまう。どちらかを選んで、その親が再婚をしたら、当の子どもはじゃま者扱いされてしまうこともある。

　レンコも両親の離婚にとまどってしまう。が、健気である。走ることが好きで、ボクシングを習っていることがレンコを支えているのかもしれない。

　家族関係に悩む子どもたちに、この作品は「悩んでいるのはあなただけではない、いつかそんなことも乗り越えられる、それはあなたの成長の糧になる」と、メッセージを送ってくれている。

台風クラブ

中3の夏。
子どもたちも激しくゆれる。
一つの青春だ。

相米慎二監督作品
1985年　日本　96分

　　　夜のプール。男子が1人泳いでいる。いきなり照明がつき、ロックが流れ、女子5人が入ってくる。女子は泳いでいるのが同じクラスの男子とわかると、からかいだす。男子が溺れてしまう。あわてた女子は人を呼びに行く。野球部の三上恭一と清水健がジョギングをしていたので、プールに来てもらう。これが木曜日の夜。
　「目標のある人間はくじけない」とスローガンが貼ってある教室。担任の梅宮（三浦友和）が三平方の定理を用いる問題を教えているのに、昨夜溺れかけた明は鼻に鉛筆を何本も差して、鼻血を出す。梅宮が熱中先生ふうに説教をしていると、いきなり中年のおばさんと筋者らしい男が、止めようとする用務員を押しのけて教室に入って来て「うちの娘とどうして結婚しないのよ、金だけ取っておいて」とどなり、生徒にも「こんな先生に習っているから、最近の子はダメなんだよ」と当たり散らす。教室は大さわぎになる。
　化学の授業中には、美智子（大西結花）の背中に、健が熱した金属片を入れてやけどをさせてしまう。これが金曜日。
　土曜日、梅宮の数学の授業をボイコットしようとする生徒、梅宮に説明を求めようとする美智子などで騒然としている。理恵（工藤夕貴）は無断欠席だ。生徒同士の乱闘も起きる。そこに、「台風が接近しているから早く下校するように」という校内放送が入る。
　美智子が梅宮の説明を聞こうと教室で待っていると、健が襲おうとする。美智子が職員室に逃げこむと、健はしつこくドアを蹴りつける。演劇部の部室では2人がレズっている。
　風雨が激しくなると、部室から出て来た女の子が服を脱ぎ出す。健も下着1枚になって踊りに加わる。6人はそのまま校庭に出て乱痴気騒ぎを続ける。
　台風一過の翌朝、恭一は窓から逆さに飛びおり、地面に首を突っこんで自殺する。

解説

なんといっても、タイトルがいい。

そして、数学教師の梅宮がいい。授業中に押しかけてきた中年おばさんに結婚詐欺とののしられるなんておかしい。面目丸つぶれだ（私も離婚した相手が学校に押しかけてきたことがあるけど、教室には来なかった）。

翌日は、無断欠席の理恵を探しに行ったり、いい先生なのだ。夜はアパートで同棲相手と乗りこんで来た2人と酒を飲み「ぜんぶ、オレのせいにしやがって。学校に来ることないでしょう、やめさせられたらどうするんだよ」とグチってる。同棲相手には他に男がいて、その男に百万円も貢いでいたというのだ。

そこに学校に閉じこめられた恭一（三上祐一）から電話が来て、「ぼくはあなたを認めません」と言われる。と、梅宮先生「若造、あと15年たてば、それまでだ」とどなり返す。

中学3年生。受験を控えての多感な時期だ。心も揺れる。破滅願望も自立・自律心もいっしょにある。友情と裏切り、異性へのあこがれ（同性へも）と失恋（疑似）体験、性的な衝動といったことが、ちょうど台風のように子どもたちを襲ってくるだろう。自分にもわからないことがたくさんあるのだろう。

健は家に帰ると、ドアを開けたり閉めたりして「ただいま、お帰りなさい」とくり返す。学校では美智子にちょっかいを出し、職員室のドアを蹴りまくる。『シャイニング』（スタンリー・キューブリック監督、1980年）の狂った小説家のようだ。

恭一もまた乱痴気さわぎの翌朝、「死は生きることの前提なんだ。厳粛に生きるための厳粛な死が与えられていない。だから、みんなに死んでみせてやる」と言って自殺する。赤ちゃんを奪おうとして失敗し、地面に首をつっこんだグリム童話の「ルンペルシュティルツヒェン」のような死に方である。これも思春期なのだ。

オレンジと太陽

イギリスからオーストラリアに13万人の子どもが移送されていた事実を描く。

ジム・ローチ監督作品
2010年　イギリス　日本公開2012年　106分

　　　　1986年。イギリス、ノッティンガム。養育能力のない若い女性から乳児を引き離し、施設に連れていくソーシャルワーカーの仕事をしているマーガレット（エミリー・ワトソン）は、養子たちが話し合う会を開いている。
　ある夜、マーガレットは「私はだれか知りたい」と1人の女性に声をかけられる。小さいときに養護施設から船に乗せられてオーストラリアに送られたというのだ。その船には何百人もの子どもが乗っていたと、その女性シャーロットは言う。
　同じ時期に、話し合いの会の女性参加者のニッキーからも「多分、ぼくはあなたの弟です」という手紙が、数年前オーストラリアから来たと相談される。
　偶然のケースなのか、組織的なことなのか。マーガレットは調査に動き出す。
　膨大(ぼうだい)な書類からシャーロットの出生届を探し出し、母親を探して、2人を再会させる。
　児童移民（棄民(きみん)）の仕組みがわかってくる。「君のママは死んだ。だから海の向こうの美しい国へ行くんだよ。そこでは毎日、太陽が輝き、オレンジを食べるんだ」と子どもをだまし、母親には「お子さんは養子としてイギリスの夫婦に迎えられた」と嘘(うそ)を伝える。マーガレットはオーストラリアに飛び、大勢の児童移民に面接し、ニッキーと弟のジャックを再会させる。
　児童移民には慈善団体や教会も関係していたこと、17世紀から行われ、政府の政策だったことを、マーガレットの夫が調べ出す。
　再度オーストラリアに渡ったマーガレットは、身勝手なレン（デヴィット・ウェナム）や、8歳からずっと床拭きモップを持たされたという女性、施設にいたときに性的虐待を受けたという男性に会う。
　マーガレットに面と向かって偽善だと批判する人もいる。教会の悪口を言うなと脅迫電話もかかってくる。家も襲われる。
　マーガレットはイギリスにもどるが、精神的な発作を起こすようになっていた。

56

解説

　『やさしくキスをして』（2004年）『麦の穂をゆらす風』（2006年）など、自国の恥部を抉（えぐ）り続けたケン・ローチ監督の息子のジム・ローチは、1969年生まれ。ケン・ローチがハヤブサを飼育する少年を主人公とする『ケス』を発表した年の生まれである。

　そのジム・ローチの長編第1作。タイトルは、豊かさと明るい未来を表すかのように『オレンジと太陽』である。いったいどんな作品なのかと興味がわく。

　が、内容はあまりにもショッキングである。13万人といわれる子どもが、イギリスからオーストラリアへ、ほとんどだまされるように移されていたというのだ。17世紀から1970年までの間だ。

　「オレンジと太陽」の国に渡った子どもたちを待っていたのが、過酷な労働と暴力であり、性的虐待だったこともわかってくる。レンは「ビンドゥーンの教会に借金を払った」と言う。教会は慈善で子どもを預かったのではなかった。養育費、食費、服代を成人となったレンたちに請求したのだ。

　子どもの権利条約には「子どもの最善の利益」が揚げられ、「親の指導の尊重」「親の第一次的養育責任と国の援助」が明記されている。「名前・国籍を知る権利、親を知り養育される権利」「アイデンティティの保全」も約束されている。「国外不法移送・不返還の防止」の条項もある。私はこの条約の子ども語訳を出版したことがある。そのあとがきに「条約をうらよみして下さい。世界のあちらこちらで子どもが苦しんでいるのです」と書いたが、イギリスとオーストラリアの間で1970年まで児童移民（棄民）が行われていたとは知らなかった。

　この映画が作られている最中の2009年11月には、オーストラリアのケヴィン・ラッド首相が国会議事堂で"忘れられたオーストラリア人"と呼ばれる児童移民に謝罪し、翌年2月にはイギリスのブラウン首相が議会で謝罪した。しかし、子どもたちの時間は決して戻ってはこない。

　原作はマーガレット・ハンフリーズ著『からのゆりかご〜大英帝国の迷い子たち』（近代文藝社　2012年）。

冬の小鳥

父に捨てられた九歳の女の子。
すべてが納得できない孤児の不条理。

ウニー・ルコント監督作品
2009年　韓国・フランス　日本公開2010年　92分

　　お父さんの自転車に乗せてもらってうれしくてたまらない女の子ジニ（キム・セロン）は、新しい靴とおしゃれな服を買ってもらう。料理店でお酒も少し飲ませてもらい、流行歌をお父さんに歌って聞かせる。
「あなたは知らないでしょうね　どれだけ愛していたか　寂しい時や　沈んでいる時は　名前を呼んでください　私はそこにいるわ」
　翌日、ジニは父とバスに乗って出かける。途中で買った大きなデコレーション・ケーキを持って、着いたところはキリスト教会が運営している養護施設。ジニを置いて父は帰ってしまう。わけのわからないジニは庭にかくれ、夕食も食べず、台所で眠ってしまう。消灯のあと子どもたちはトランプ占いをする。リーダーは足に障がいのあるイェシン。「客が来る」「新しい女の子が」「客じゃなくて家族だよ」。これを聞いてしまったジニは泣く。
　「ここは孤児ばっかり。私は孤児じゃない」とジニは門柱によじ登るが、降りられない。助けてくれたのはスッキ。寮母が門扉の鍵を開け放す。ジニは脱出するが、結局、もどるよりしかたがない。スッキが夜、洗濯場で下着を洗っている。見てしまったジニにスッキは口止めする。スッキは年齢を詐（いつわ）っている。
　翌日、教会に行くのにジニはまた世話をやかせる。教会で施設の子どもたちは聖歌隊になって歌う。が、ジニはぼんやりとよその父子連れを見ている。神父が聖書を読む。「父よ、なぜ私を見捨てられたのか」。
　スッキはジニを妹のようにかわいがり、いっしょにアメリカ人の養子になろうと約束する。面談に来たアメリカ人夫婦の前でスッキは明るく積極的にふるまう。そして、1人で養子になって施設を出ていってしまう。スッキに嘘をつかれたと思い、荒れるジニ。院長にたのんで父の家に行ってもらうが、そこにはもう別の家族が住んでいると言われる。
　捨てられたことを認めたジニは、小鳥を埋めた穴を掘り返し、自分が入り、土をかける。

58

解説 1975年、ソウル近郊が舞台である。その頃からこれまでに「16万とも20万ともされる孤児が海外に渡ったとされる」と渡辺真紀氏がこの映画のパンフレットに書いている。

国際養子縁組にはいろいろと問題がある。斡旋料(あっせんりょう)が高い、金の受取人はだれかということもそうだ。韓国では外貨稼ぎの手段とされていて「孤児輸出」という用語もあるらしい。言葉も生活も違う外国に連れて行かれて順応できない子どもたち、アイデンティティに悩む子どもという問題もあれば、養子をペットのように扱う養父母、飽きてしまった養父母が養子を返してしまったりとトラブルが多い。子どもの権利条約第21条（養子縁組）に「国際的な養子縁組において関係者に不当な金銭上の利得をもたらすことがないことを確保する」とあるのは、国際養子縁組で「不当な金銭上の利得」があるからなのだ。

『冬の小鳥』は、英語表示では「A Brand New Life」。原題では「Une Vie Toote Neuve」（旅人）なのだが、韓国語表示はない。なぜ？

ウニー・ルコント監督自身が韓国の養護施設に預けられ、フランスに連れられていった人なのだ。監督は、今は韓国語は使えず、『冬の小鳥』の脚本はフランス語で書いたという。

映画に話をもどそう。スッキが年齢を詐(いつわ)り、生理のことを口止めしたのは、国際養子縁組では小さい子どものほうが人気があることを知っていたからだろう。リーダー的なイェシンが、韓国人老夫婦の養子縁組が決まったとき「（ただ働きの）家政婦になるのはいやだ」と泣くのも、養子縁組の実態を突いている。干してあるふとんを強くたたく寮母。この寮母は、教会の偽善的な養護施設の運営を表だっては批判できないことを怒り、嘆いているのだ。ウニー・ルコント監督の親探しは『めぐりあう日』（2015年）にも描かれている。

韓国のユン監督は1965年ソウルに生まれ、1971年にベルギーの家庭に養子として入る。白人でも黒人でもない自分のアイデンティティを求めていた頃のことを、映画『はちみつ色のユン』（2012年）として発表している。この映画も痛々しい作品だ。

んで、全部、海さ流した。

のけもんの少女と少年。少女はウソをつき、少年はウソとわかっているのに。

庄司輝秋監督作品
2013年　日本　30分

物語
　学習塾に就職するのにウソ見え見えの履歴書を出して、バレると開きなおってテーブルを蹴とばす元ヤンキー娘の弘恵（韓英恵）。階段で赤いランドセルを背負っていた男の子に「こんなところ辞めろ」と八ツ当りする。
　前は援助交際で小使いをかせいでいたようだ。親にもうとんじられている。シューマイ店のアルバイトも一日でクビになった弘恵に、男の子が「塾やめたよ」と言う。
　男の子の名前は達利（篠田涼也）。弘恵は達利に、なぜ赤いランドセルなのかと聞くが、達利は答えない。
　2人は遠くの海岸に行こうとし、弘恵は昔の客にタダでさせるから車で送って、と持ちかける。車の中で弘恵は達利に「長浜の海で形見を燃やすと、死んだ人はほかの人になってよみがえる」と言う。車から降されて夜道を歩きながら「千恵子がよみがえるってウソでしょう。オレだってそこまでアホでない」と達利が言う。「オレたちアホでいいんだって」と弘恵が答える。

解説
　石巻市が舞台になっている。3.11以前の町の様子がうかがえる。
　「ウソつき弘恵はウソばっか　けつの穴からウソが出た」と海に向かってうそぶいている少女。妹を交通事故で失くしてトラウマをかかえている少年。少年はとろそうだ。のけもん同士だ。
　「しっかりしろよ、がんばれよ」と声をかけたくなるけれど、少女も少年もそれぞれにがんばっているのだと思う。いや、がんばれない人もいると思う。がんばれない人がいてもいいじゃないか。
　「燃えきんねえのかなあ」という少女が痛々しい。もと客の小林（足立智充）、タコ焼き屋の店員（いわいのふ健）のさり気ないやさしさがいい。
　ラストの曲「みんな強くて　みんな弱い／みんな違うから　みんないい」を歌っているのは中川五郎。

2

ラブロマンス&
エンターテインメント

ひるね姫

夢なのか現実なのか
女子高校生の大冒険。

神山健治監督作品
2017年　日本　110分

物語

　ハートランド王国の道は今日も大渋滞。会社は遅刻者から罰金を取る。自社製の新しい車以外で通勤している者からも罰金を取る。圧政である。
　王の娘のエンシェン（高畑充希）は魔法が使え、モノや機械に命を与えることができる。王や家臣ベワン（古田新太）はエンシェンを閉じこめようとする。
　というところで目を覚ましたのは森川ココネ（高畑充希）。あわてて起き、朝食を作る。父親のモモタロー（江口洋介）は無口で車の改造マニア。ココネとモモタローはメールでしか会話をしていない。
　その日は高3のココネ、1学期の終業日。なのに、教室で昼寝してみんなに笑われている。が、その夢が朝の夢の続きなのだ。ハートランド王国には鬼があらわれる。エンシャンはしゃべれるようにしたぬいぐるみのジョイ（釘宮理恵）といっしょに鬼退治の作戦を考える。
　庭そうじをしていたココネに担任がモモタローが逮捕されたと知らせる。なぜ。今、どこに。何もわからないココネは、モモタローがお盆の墓参りに行くとメールがあったので、その墓に行く。墓前にはぬいぐるみのジョイが置いてある。ぬいぐるみ中にはひびの入ったタブレットが入っている。そのタブレットを自動車会社の取締役の渡辺一郎（古田新太）は奪おうとしている。
　タブレットにはどんな情報が入っているのか。タブレットにはどうしてひびがあるのか。
　ココネと幼なじみのモリオは、モモタローが整備したオートバイ（サイドカーつき）に乗り、東京に向かおうとするが、ガス欠で着いたところは大阪、道頓堀。新幹線に乗って東京にと思うが、2人とも金を持っていない。
　ココネは自分が見つづけていた夢と、自分の現実がつながり、重なっていることに気づく。鬼も現実に出てきて、東京の街を襲う。
　2020年東京オリンピック直前の物語である。

62

解説

　タイトルがいい。「眠り姫」ではなく「ひるね姫」。こけそうだ。でも、中学から高校生の時期はどうしてあんなに眠いのだろう。身体の中が肉体的にも精神的にも成長しているから疲れるのかな。ココネが夢を見ているのか、エンシェンが夢を見ているのか。

　ココネとモモタローが住んでいる場所もいい。岡山県倉敷市のはずれの児島・下津井。昔、下津井には回船問屋があって栄えたところだが、今はさびれている。タコの干物を吊るす店、古い町並。そこに瀬戸大橋だ。岡山弁もけっこうおかしい。そこに未来形のサイドカー。翔んでいる！　はずが、ガス欠という現実的なアクシデントで失墜。

　新幹線のチケットを買う金がなくて困っていると、駅員がチケットを届けてくれる。駅弁を食べたいと思っていると、アテンダントが注文を受けて届けてくれる。どうなっているのだろうと興味がわく。

　鬼と闘う巨大ロボットの動力が人力の自転車こぎだったりと、ＳＦかと思えばアナログと、観るほうも頭のスイッチをどんどん切りかえなくてはいけない。

　ハラハラ、ドキドキ。どこが夢で、どこが現か。神山健治監督のマジックにまんまとはまってしまうのもいい気分。

　ココネとモリオがたどり着いたのが、東京お台場。倉敷と同じく、海に近い場所。

　めまぐるしい展開のアニメ作品で、たいくつしている暇はない。

　お盆の仏壇にキュウリの馬が置いてあるのものんびりだ。キュウリの背中に、オクラの子馬が乗っているのも愛敬だ。モモタローがココネに「仏さんが家に早く来るようにキュウリの馬で、あの世に帰っていくのはゆっくりということでナスの牛だ」と説明するシーンもあたたかい。

　あたたかいといえば、ココネとエンシェンを演じた高畑充希（NHK連続ドラマ「とと姉ちゃん」にも出演）の声もあたたかく、ひるね姫にぴったりだ。江口洋介、高橋英樹の声もいい。

夜明け告げるルーのうた

音楽が好きだけど　心を閉ざす少年と
子どもの人魚が出会う。

湯浅政明監督作品
2017年　日本　107分

物語

　中学3年生のカイ（下田翔大）は、自分で作曲してネットにアップする。評判がいい。家族はおとなしそうな父親とじいさん（柄本明）の3人。
　カイの同級生遊歩（寿美菜子）と国夫（斉藤壮馬）が元気よく声をかけてくるが、カイはボソーとしている。2人は「セイレーン」というバンドを組んでいて、カイを誘う。
　3人が住んでいる町は日無町といい、おかげ岩という絶壁にさえぎられている。おかげ岩の上には祠がある。国夫のおじいさんは神主で、カイにこの町に伝わる人魚のたたりを教えてくれる。
　バンド「セイレーン」の練習場はおかげ岩だ。3人が練習をしていると、子どもの人魚が現れる。ルー（谷花音）だ。ルーは唄と踊りが大好き。うまい。踊るときには足がはえてくる。
　カイとルーは仲良しになる。2人で夜の町を散歩する。カイがルーの家族のことを聞くと、ルーは「ママ食べられた」とあっけらかんと言う。カイは暗く「カイもいない。出てった」とつぶやく。カイは前は東京に父母と住んでいたのだが、離婚して父の故郷にもどってきたのだ。
　町のとうろう祭。人がいっぱい集まってくる。とうろうを海に流すのではなく、風船を空に飛ばす。風船は互いにぶつかると燃えるという派手な祭りだ。セイレーンも演奏する。ボーカルはルーだ。ルーの歌にのって町の人たちも激しく踊り出す。
　一方、魚市場にはルーのパパが現れる。大きな体で、スーツを着て、帽子をかぶっているが、顔は魚だ。
　ルーが人魚だとわかって、町には人がつめかける。「人魚ランド」も再整備されて客がたくさん。が、遊歩が行方不明になる。人魚のたたりだと誰かが言い出し、人々はパニックになる。ルーは捕まって檻に入れられてしまう。
　町は高潮につかってしまう。

解説

　『マインド・ゲーム』（2004年）でデビューして以来、独特な画面づくりで人気を集めてきた湯浅政明の長編アニメ。

　舞台になっている「ウニとフカヒレの町」は京都府伊根町か。伊根町には「船屋」がある。1階が海に面していて、船の出し入れに便利な建てかたで、この映画の描写は正確だ。あるいは島根県太田市五十猛漁港か。ここではサメが水揚げされている。日無町は東京田無町から思い浮かんだ町名か、などとロケ地を探すのも映画の楽しみ方の一つだ。

　セイレーンはギリシャ神話に出てくる美声の人魚たち。歌声で船人をまどわし、船を沈めてしまう。

　ルーが鐘をかぶせられるシーンがある。「安珍清姫」に出てくる、蛇になった清姫が鐘をかぶらせられる場面が重なる。

　たかがアニメと思うな。観る側も文化的な基礎知識がないと画面を見ていてもわからないことがある（湯浅監督の『夜は短し歩けよ乙女』には古本市の場面がある。店先に並んでいるのは文学好きにとってはよだれが出そうな本ばかりだった）。

　アニメでなくては描けない（作成できない）シーンもたくさんある。海面がスポット状にせりあがる、泳げないカイをルーがささえる、とうろう（風船）がぶつかって燃える、頭と骨だけの魚が飛ぶシーンも笑える。

　そして音楽。ルーが歌って踊る、町の人もみんな踊り出す。この一体感。ボーカルをやらせてもらえなかった遊歩もかわいい。

　あさり汁と焼き魚のご飯を食べたくなるアニメだ。

　『となりのトトロ』（1988年）のトトロと、ルーのパパ（柔道家の篠原信一）を較べてみるのも一興だ。

　主題曲は斉藤和義の「歌うたいのバラッド」1997年発表の曲。

　「本当のことは歌の中にある／いつもなら照れくさくて言えないことも」のフレーズが湯浅監督をとらえたようだ。

フラガール

炭鉱の町で
フラダンスを踊る。

李相日監督作品
2006年　日本　120分

物語

1965（昭和40）年。ボンネット型のオンボロバスが走る福島県いわき市。石炭のかすの山（ボタ山）が見える。常磐炭田で栄えた町だ。
「ハワイアン・ダンサー募集」のポスターを破り取った少女は、親友紀美子（蒼井優）に応募しようと持ちかける。そうでもしないと「ここ抜けだせねぇ」と言う。
石炭会社の集会室で、会社側は24人に人員削減（つまりクビ）を伝える。かわりにハワイアン・センターを建てて、5百人を雇うという。炭鉱の人は気が荒い。説明しようとした所長の吉本（岸部一徳）はたじたじになる。
紀美子は夕飯のとき、それとなく話をするが、母も兄もハワイアン・センターには反対のようだ。
東京からダンサーが来るといううわさが広がっているところに、派手な服の平山まどか先生（松雪泰子）がやってくる。迎えに行った吉本の車がエンストしたので、トラクターにひかれた荷車に乗ってのお目見えだ。バスの中の炭坑夫は大喜び。でも、平山先生は酒に酔っているし、べらんめえ口調だ。
フラダンスのスクールに応募してきたのは小百合、紀美子ら4人だけ。しかもまったくの素人。平山先生はキレる。紀美子もキレる。
が、翌朝4人は窓から平山先生のトレーニングを見てしまう。すごい。4人はやる気を出す。先生もイチから教え出す。
高校をサボっていることを知った紀美子の母親はスクールにどなりこみ、紀美子を連れて帰る。紀美子は母親と口論して、家を出る。
スクール生がふえてくる。平山先生は「フラのふりは、すべて手話の要素をふくんでいる」と説く。みんなで出発記念の集合写真も撮る。
会社ではおおぜいの指名解雇を発表した。早苗は家で妹たちにダンスを披露していた。怒った父親は早苗をなぐりつけてしまう。ハワイアン・センターでは温水ポンプが故障して、ヤシの木が枯れかかってしまう。

2 ラブロマンス&エンターテインメント

解説

　日本の近代化を支えてきた石炭産業は政府のエネルギー政策の変更により、斜陽化する。1959 年〜 1960 年の三池闘争が有名だ（『三池』194,195p）。

　常磐炭鉱も 1976 年には完全に閉山してしまう。そこにハワイアン・センターを作る計画が出てくる。夢見た女性たちが訓練をする。ずぶの素人でフラ・ダンスを見たこともない人もいる。面接で炭坑節を踊り出す人もいる。先生も、いかにもわけありで都落ちしてきたというダンサーだ。

　先生も生徒もけっこう激しくののしり合う。片方は東京弁で、片方は福島弁だ。キレた所長が先生をののしるのに、先生は「何言ってんのかわからなかった」と返す。

　行動も直情的だ。紀美子の兄は、先生のところに押しかけてきたヤクザ者（寺島進）に「お前は誰だ」と言われると、両こぶしでかまえてみせる。ヤクザ者がひるむが、それはツルハシを持つ抗夫だという身振りなのだ。が、2 度目にヤクザ者が来たときには、本当にツルハシを振り回して撃退してしまう。早苗が父親から暴力を受けたと知った先生は炭坑の風呂に押し入り、風呂の中で父親につかみかかる。

　ある日、落盤事故があり 1 人の生徒の父親が亡くなる。先生は「今日の公演はやめよう」と言うが、本人は「踊らせてくんせえ」とつぶやく。

　公演が終わり、炭鉱住宅に一行が帰ってくると、抗夫たちは先生をののしる。先生は何も弁明せず、東京に帰ろうとする。それに気付いた生徒たちは駅に向かう。隣のホームのディーゼル車に乗っている先生に向かって、フラダンスの手話を送る。が、ディーゼル車は動きだす。

　気がまえることなく、笑って泣ける作品だ。蒼井優の演技もいい。そのいわき市のハワイアン・センターも福島第一原発の爆発事故で、一時閉所になってしまった。石炭産業をつぶした原発は、フラダンスもつぶすのだ。

しゃべれども しゃべれども

おかしみを出せない二つ目と、
しゃべれない女性と野球解説者。

平山秀幸監督作品
2007年　日本　109分

　　　落語家で二つ目の今昔亭三つ葉（国分太一）は下手だ。師匠（伊東四朗）が、カルチャー・センターで講師をするので付いてきた。受講生の１人が途中で席を立ったので、三つ葉は無礼だと文句をつける。これが２人の出会い。
　三つ葉の高座にその女性が来ている。気づいて、あがってしまった三つ葉のできはよくない。高座が終わると、女性が待っている。「どうやったら、しゃべれるの」といきなり聞く。いぶかしがる三つ葉に「口のききかた」と重ねて聞き、「十河五月」（香里奈）と名乗る。
　ひょんなことから落語教室を開くことになった三つ葉だが、生徒は十河と優（森永悠希）の２人。優は関西から越して来たのだけど、学校で関西弁と阪神タイガースの帽子をかぶっていることでからかわれている。
　２回目の日。サングラスにマスクというあやしげな男が家の中をさぐっている。家主の外山春子（八千草薫）がとがめると、教室に入りたいと言う。男は山田と名乗るが、優が野球解説者の湯河原（松重豊）だと見破る。うまく話せない解説者なのだ。
　こうして落語教室が始まる。
　ある日、十河は春子にゆかたの縫い方を習いに来る。鬼灯市に着ていきたいのだけど、いっしょに行く連れがいないと言う。そこで三つ葉が連れとなる。が、十河は愛想が悪い。ほおずきを縁起物だから買おうと言っても、いらないとそっけない。そば屋に入っても箸をつけない。そして泣く。三つ葉は翌日、十河の家にほおずきを届ける。
　優はクラスのボスと野球で対決することになり、湯河原の特訓を受ける。
　今昔亭一門会で二日酔いの三つ葉は「火焔太鼓」を咄す。上出来で師匠にほめられる。教室では「落語まんじゅうこわい・東西対決・十河亭五月対猛虎亭優」をすることになる。優はボスの宮田にもチラシを渡し、「来てな」と誘う。

解説

　落語はこのところ人気が高まっている。が、寄席は東京に四軒しかない。前座や二つ目は出演できてもわずかな時間しかもらえない。だから、自分たちで発表会を開いたり、学校の演劇教室に出たり、ファンが開いてくれる落語会に出たりして、技を磨いている。

　主人公の三つ葉もそんな若手の１人だ。落語教室に来る十河はしゃべるのが苦手。というか、人とコミュニケーションがうまくできない。しゃべろうとすると、ケンカ腰になってしまう。だから、よけいしゃべらなくなる。

　私自身は子どもの頃から親に「口から先に生まれて来た」とからかわれるほどおしゃべりが好きで、相手が喜びそうなウソを言うのがうまい。だから、無口な人といっしょになると、自分の軽兆浮薄さが恥ずかしくなり、いっそうおしゃべりになってしまう。

　話すのが苦手らしい野球解説者の湯河原の存在もおもしろい。それで仕事になるのかと思ってしまう。

　が、この湯河原、教室の仲間には罵詈雑言を矢継早に浴びせる。十河に「テレビやラジオでやれば」と言い返されてしまうが、スポーツ中継番組でののしりの解説をしたらおもしろそう。甲子園の試合の解説はつまらないから湯河原さん、やってよと思う。

　優はもうサイコー。大人相手にわたり合ってる。「まんじゅうこわい」を、桂枝雀ふうな演出で話すのもいい。途中でクラスのボスが笑うと、高座からおりて、ボスのところに行き「オレ、ほんまに宮田に来てもらえるとは思ってなかった。めっちゃうれしかった。ありがとうな、ほんま来てくれて」と正直にまっ正面から言う。この素直さと勇気がいい。

　さて、東西対決の相手の十河は来るのか、来ないのか。

　「しゃべれども　しゃべれども」の原作者は佐藤多佳子。佐藤多佳子の作品、私はどれも好きだ。

シェルブールの雨傘

シェルブールは港町。
若い二人は出会って、別れる。
再会しても別れる。

ジャック・ドゥミ監督作品
1964年　フランス　日本公開1964年　91分

　　　　　1957年のこと。シェルブールの傘屋の娘ジュヌヴィエーヴ（カトリーヌ・ドヌーヴ）は、自動車修理工のギイ（ニーノ・カステルヌオーヴォ）と恋に落ちる。熱々の2人だけど、お互いの家族にはトラブルもある。傘店は経営が苦しい。ギイの母代わりのエリーズは寝たきりで、マドレーヌという娘が介護してくれている。
　ギイに召集令状が来る。ギイはアルジェリア戦争に行くことになる。ジュヌヴィエーヴは「行かないで、私、死んでしまうわ。私、あなたを隠してあげる、守ってあげる」（窪川英水訳　仏和対訳シナリオ『シェルブールの雨傘』白水社刊1994年）と歌う。その夜、2人は結ばれる。
　ジュヌヴィエーヴの母エムリは、税金が払えないので真珠のネックレスを売ることにする。親子で宝石店に行くと、たまたま高級宝石業者のカサールがいた。カサールは一目でジュヌヴィエーヴに惚れてしまう。
　ギイからは手紙が来ない。ジュヌヴィエーヴの身体の中の赤ちゃんが大きくなっている。カサールはエムリに、ジュヌヴィエーヴと結婚したいと打ちあける。
　そして、カサールはお腹が大きくなったジュヌヴィエーヴと結婚する。
　翌年3月。ギイが兵役から帰ってくる。足に軽い障がいを負ってしまったギイは、ジュヌヴィエーヴが結婚したことを知って、荒れる。仕事も辞めてしまう。エリーズが死んだとき、ギイはマドレーヌにプロポーズする。
　62年クリスマス・イヴ。ガソリンスタンドを営んでいるギイは、マドレーヌとの間に生まれた男の子フランソワと3人で幸せそうだ。
　マドレーヌがおもちゃを買いに行ったあと、スタンドに一台の高級車が入ってくる。運転しているのはジュヌヴィエーヴだ。2人は互いにわかるのだが、何も言わない。ジュヌヴィエーヴの女の子の名前は、フランソワーズ。ジュヌヴィエーヴは「この子、あなたに似てるわ」とだけ言って、立ち去る。

解説

きよらかな恋の物語である。

赤い雨傘、青い雨傘、グリーン、黄色の傘。虹のようだ。シェルブールは港町だ。第二次世界大戦のノルマンディ上陸作戦の地でもある。

この映画、会話はぜんぶ歌なのだ。でも、ミュージカル映画のようではない。歌だけど、ふつうのおしゃべりのようなのだ。

カトリーヌ・ドヌーヴがとにかくいい。清純そうで、それでいて背伸びをしたい若い女の子を演じている。

ギイとのデートで、ジュヌヴィエーヴは「赤ちゃんが生まれたら、女の子だからフランソワーズって名にするの」とギイに話す。これが物語の伏線だ。

会話もしゃれている。宝石商が「まるでアリババの洞窟ですな」と言うと、カサールは「眠れる森の美女の宝石でしょうか」と返す。

そして、アリア。私はずっと愛の歌だと思っていたが、じつは「戦争に行くな、逃げろ」という反戦歌なのだ。でも、戦争のことは特には描いていない。

ギイへの愛を母親に「彼なしでは生きていけないわ。私、死んでしまう」と訴えると、母親は「愛で死ぬのは、映画の中だけよ」と軽くいなす。エスプリだ。「私、妊娠しているの」と母に打ちあけたときも「安心して、私も人並みよ」と続けるジュヌヴィエーヴ。

彼女の妊娠を知ったカサールは「この子は２人で育てましょう、私たちの子どもとして」とつつみこむ。日本人の私たちなら、破談にするか中絶と言いかねないところである。

ラスト。ギイの子がフランソワ。ジュヌヴィエーヴの子がフランソワーズ。２人の子は会っていない。

再会と別れ。未練がましいことは２人とも言わない。この子はあなたの子とも言わない。長話もしない。お互いにやさしいのだ。

じつはカトリーヌ・ドヌーヴはこの作品では口パクだった。歌っているのは他の人。カトリーヌ・ドヌーヴはどんなにか怒ったことか。ジャック・ドゥミ監督もひどいことをしたものだ。

櫻の園

名門女子高校演劇部は、
今年「櫻の園」を上演できるのか。

中原俊監督作品
1990年（リメイク版2008年）　日本　96分（102分）

物語

　ある名門女子高校では毎年創立記念日に、演劇部がチェーホフの「櫻の園」を上演することになっている。
　部室のソファーで城丸香織（宮澤美保）が、男の子に「櫻の園」のあらすじを話している。男の子がタバコを吸おうとするので香織が止める。男の子が首にキスをしようとすると、香織は「跡をつけないでね」と応じる。そういうことに女の子たちは敏感だと言う。今日は、上演当日で、舞台監督の香織は朝早く来たのか前夜泊まりこんだのか。とにかく男の子を連れこんでいる。
　一番早くやって来たのは部長の志水（中島ひろ子）。志水はパーマをかけている。部員たちも集まって来る。みんな志水のパーマにおどろくが、話は昨夜の緊急電話連絡のことになる。
　電話のことを知らなかった香織の外泊がバレる。部員たちは「外泊したら火あぶりよ」「八つ裂きよ」とさわぐ。香織のキスマークもさわがれるが、香織は「春の蚊ですよ」ととぼける。
　昨夜の緊急連絡は、３年の杉山（つみきみほ）が喫茶店で他の学校の生徒とタバコを吸っていて、警察に補導されたことだ。
　朝から臨時職員会議が開かれている。職員室に行った倉田知世子（白鳥靖代）が「中止と言い張っているのは生活指導部の坂口で、演劇部顧問の里美先生（岡本舞）とすごい言い合いになっている」と報告する。
　「伝統を生きる、伝統を生きるって言ってさ、伝統の『櫻の園』中止にしたら、ねぇ」「ずっといる坂口なんかには、全部同じに見えるかもしれないけど、先輩たちは今年しかないんですよ」と緊張が高まる。
　杉山がタバコを吸っていなかったと知った志水は「創立記念式典、メチャメチャにしちゃおっかな。暴動でも起こして。私１人でどっかに立てこもろうかな。そのときは手伝ってくれない」と、杉山に持ちかける。

解説

　チェーホフの名作「櫻の園」を描くのではなく、「櫻の園」を演じる女子高校の物語というのが、まず意表をつく。

　　　出演者もほとんど若い女子。男は、香織のボーイフレンド、嫌われ役の坂口、先輩教師の3人だけ。おまけに桜が満開。華やかになるのも当然だ。

　名門女子高校だけど、生徒たちは冒険もしたいし、反抗もしたい。タバコも吸いたいし、ボーイフレンドと外泊もしたい。セックスもしてみたい。

　この作品、原作は吉田秋生のコミックだ。脚本はじんのひろあき。脚本がうまいのか、中原俊の演出がうまいのか、女子高校生の気分のようにコロリと変化する。中止になるかどうかと不安になっているところに、アイスクリームの差し入れがある。と、部員たちはアイスを食べながら「当たった！」と喜ぶ。

　志水に暴動を持ちかけられた杉山は、志水のパーマは倉田さんに見てほしかったんじゃないと、話をずらし「志水さん、倉田さんのこと好きなんでしょう」と切りこむ。志水は上気したような表情になる。中島ひろ子の演技が初々しくていい。

　上演が決まってラネフスカヤの衣装を着た倉田の胸に、志水はリボンを付ける。胸が大きいから衣装だけでは目立ちすぎると言う。

　メークもできて、志水は倉田といっしょに写真を撮ろうと言う。2人で並んだとき志水は倉田に「好きよ、大好きよ、本当よ」とコクる。倉田も「うれしい、もっと言って」と喜ぶ。

　この2人のようすを、杉山はタバコを吸いながら、うらやましそうに見ている。

　「櫻の園」の舞台はスクリーンには写らない。白いエプロンを着た志水が燭台（しょくだい）を運んでいくところを、カメラは横から撮っているだけだ。

　朝8時から10時までの女子高校演劇部の話である。

　この作品は2008年に同監督によりリメイクされている。福田沙紀、寺島咲、杏、大島優子が出演している。

ウォーター・ボーイズ

高校3年生、
はっきりしない5人が男のシンクロに挑む。

矢口史靖監督作品
2001年　日本　91分

物語

　唯野高校水泳部は、高3で、競泳ではどん尻の鈴木（妻夫木聡）ただ1人。つぶれそうだ。
　新任の女教師佐久間（眞鍋かをり）が誘うと、入部希望者がどっと増える。が、佐久間先生がやろうとするのはシンクロナイズドスイミング。皆やめてしまって、残ったのはたよりなさそうな鈴木たち5人だけ。おまけに佐久間先生は妊娠8か月とわかり、出産休暇に入ってしまう。
　秋の文化祭に出ることにしたが、プールはバスケット部が釣り堀で使うことになっていて、業者が魚を入れてしまっている。5人はその魚を全滅させてしまい、弁償をせまられる。鈴木は「入場料で弁償します」と見栄を切ってしまう。
　が、チケットはぜんぜん売れない。
　鈴木は予備校の夏期講習で、隣の女子高の女子（平山あや）と知り合う。彼女は空手女子で行動力もある。2人は水族館でデート。
　そこでは魚の業者（竹中直人）がイルカ・ショーのライダーをしている。鈴木はコーチを頼む。
　海岸で練習をしていると、観光客が水難事故とまちがえて消防署に通報する。それがテレビニュースになり、「男の子のシンクロ」と紹介される。学校でも商店街でも話題になるが、鈴木は彼女にシンクロのことを話せない。
　文化祭の前夜、2人は公園でデートするが……。

解説

　『ウォーター・ボーイズ』『リンダ　リンダ　リンダ』とも高校の文化祭が舞台。燃えあがりたい。しかも高校3年生にとっては最後の祭りなのだから「自分を叫べ！」たらサイコーだ。
　『ウォーター・ボーイズ』では男のシンクロナイズドスイミングという意表をつく出し物だ。はっきりしない鈴木を演じた妻夫木聡がいい。対照

リンダ リンダ リンダ

世界の舞台で自分を叫べ！
ほんと叫べたらいいね。

山下敦弘監督作品
2005年　日本　114分

　　　芝崎高校ひいらぎ祭の準備が進む。が、高3の女子バンドははっきりしない。メンバーの1人が突き指をしてしまい、もう1人はケンカをしてしまった。
　でも、3人はザ・ブルーハーツのコピーを演ることにする。ボーカルは日韓交流の留学生のソン（ペ・ドゥナ）にしようと話がまとまる。
　いきなり誘われたソンは、臆することなく、ギターの恵（香椎由宇）に「私、がんばってもいい？」と聞き、帰りにはカラオケ店に行き、1人で練習。なにしろ本番は3日後なのだ。
　恵の元カレのスタジオを借りたり、夜の部室に忍びこんで練習したりと、青春する。ソンは恵の元カレの顔を真顔でのぞきこんだり、非常階段を登るとき、急に「みんなパンツ見えてる」と笑い出したりと天真爛漫。
　翌日、ソンにラブレターが届く。響子たちといっしょにソンが指定された図書館に行くと、3年生のマッキー（松山ケンイチ）が待っているが、マッキーが韓国語で話しかけると、ソンが日本語で答えるので、うまく行かない。
　響子は同じクラスの男子が好きで、本番の前にコクろうとする。

的な空手女子を演じた平山あやもさわやかだ。
　『リンダ　リンダ　リンダ』のペ・ドゥナのとぼけたおかしさもいい。
　ラストに主題曲が流れるといっしょに歌いたくなる（実際、映画館で歌った人もいる）。矢口史靖監督と山下敦弘監督に乾杯。燃え切った人たちにも、燃え切れなかった人たちにも乾杯。

75

翔んだカップル

シェアの相手は同級生。
かわいい女の子。

相米慎二監督作品
1980年　日本　106分

物語

　　　田代勇介（鶴見辰吾）は九州から東京の進学校に来る。おじさんが海外に転勤するので留守番をかねて住まわせてもらうことにする。
　　高校の初日、1時間目はH・R。担任が出席を取り出す。と、校庭に1人の女の子の姿。初日から遅刻だ。勇介はみんなの注意をそらして、遅刻に気付かせないようにする。
　　女の子の名前は山葉圭（薬師丸ひろ子）。同じクラスの中山わたる、杉村秋美と初日から仲良しになる。勇介はボクシング部に入る。
　　朝はトイレで自己紹介の練習をするほど緊張していた勇介だけど、帰りはルンルン。
　　家に入ると、なんと山葉圭がいて荷物を片付けている。不動産屋に間借り人の斡旋(あっせん)を頼んでいたのだが、男に限るといっておいたのに女の子、しかも同級生。勇介は圭を追い出そうとするが、圭は礼金も敷金も払った、せめて1か月は置いてくれと言う。勇介は「高1で同じクラスの2人が同棲(どうせい)しているのがバレたら、オレは少年院、お前は修道院」などとあせる。夜になるとボクシング部のキャプテンが子分を連れて、圭の部屋をのぞいたり、勇介も圭の寝顔をながめたり。
　　勇介は同居がバレないように気を遣う。夕食は家では食べない。圭が遠足の弁当を2つ作ったのに持っていかない。
　　杉村が勇介に近寄り、クッキーを差し入れる。圭は「幼稚な焼き方ね」とくさす。勇介が「幼稚な焼き餅ね」と言い返す。仲がいいのか悪いのか。素直になれない勇介。
　　ある日、勇介が拾ってきた自転車に圭が乗り、坂を下ってゴミ置き場に突っこんでしまう。これがきっかけになり2人のわだかまりが消えたようだが、日曜日、かわいいワンピースを着た圭は中山とデート。勇介も杉村とデート。2組はバッタリ出会ってしまって、Wデートになってしまう。
　　キャプテンが「今日からエンドレスで世話になるから」と転がりこんできたり……。

解説

『野性の証明』(1978年)でスクリーン・デビューした薬師丸ひろ子は16歳。どんなふうに成長したのか、どんな演技を見せてくれるのかと期待を集めたこの作品。原作は柳沢きみおのマンガ。薬師丸ひろ子の役は16歳の高校1年生。明るい笑顔いっぱいの圭を演じてファンを喜ばせてくれた。デニムのオーバオールがよく似合っていた。ブレーキの壊れている自転車で坂を下っていくシーンはサイコーだ。自転車を追いかける勇介を演じる鶴見辰吾も16歳。尾美としのりは15歳。石原真理子(のちに真理と改名)も16歳。本人たちも青春まっただ中だ。だから悩みもあるだろうし、素直になれないこともあるのが当然だ。4人とも役にぴったり重なっているだから、演技をしているようには見えない。地でいける。

それにしても設定がおかしい。一軒の家に高1の男女がいっしょに住み、そのことを隠し通す。スリル満点！　クラスメートの杉村は美人で試験は1番。中山は2番。それなのに中山は「1位でなけりゃ意味がない」とくさっている。私が小学校教員をしていたとき、4年生の男の子が「ねえねえナトリ、どうしてできない子がいるの」と聞いてきたことがあった。できる子にはできない子のことがふしぎなのだろう。

映画を観ている若い人も、デートもしてみたいだろうし、テストでもいい成績を取りたいと思っているだろうから、共感しやすかっただろう。それにしてもアイドル作品でなく、思春期の子どもを真正面にすえたこの作品は相米監督のデビュー作である。ほとんどの人が相米監督とはどんな人なのかを知らないから新鮮さが強かった。

相米慎二は1948年に盛岡市に生まれ、北海道標茶町に引っ越す。その後、札幌市に転居し、釧路に越し、67年に中央大学に入学するが、71年には中退し、日活で助監督になった。けっこう複雑な子ども時代を過ごしたようだ。中央大学に入学したのが全国全共闘運動のまっさかり。

『翔んだカップル』は映画ファンの評判となり、薬師丸ひろ子の人気も高まる。相米監督が次に撮るのが『セーラー服と機関銃』(78,79p)だ。

セーラー服と機関銃

女子高校生がやくざの組長に。
組員は次々と殺される。

相米慎二監督作品
1981年　日本　112分

　校庭で1人ブリッジをしている女子高生、星泉（薬師丸ひろ子）。「ここは地の果てアルジェリア」と歌っている。彼女は父親を交通事故でなくし「親類縁者1人も無し。孤児になったわけ」と男友だちに話し、いっしょに斎場にいく。
　マンションにもどると、自分の部屋の前に女が立っていて、マユミ（風祭ゆき）と名乗る。みょうになれなれしいマユミは泉の父親の手紙を見せる。そこには「泉の世話を」と書いてある。が、手紙は女文字で書かれている。にせの手紙と泉もわかる。マユミは泉の部屋で暮らしだす。
　ある日、校門をやくざ者がふさいでいる。泉は「自分たちの学校だ」と校門に向かうが、足はだんだん重くなる。「星泉さんですね」と、車に乗せられてしまう。連れられて行ったところは目高組の事務所。そこには「四代目星泉」と書いてある。組長になることを拒否すると、佐久間（渡瀬恒彦）は手下（といっても3人だけ）に「組は解散。抗争相手のところに殴りこみに行く」と言う。あわてた泉は組長になることを承知してしまう。
　襲名式をしているところに抗争相手松の木組のマシンガンが撃ちこまれたり、刑事と名乗る男（柄本明）から父親は殺されたこと、密輸がらみと聞かされ、動揺した泉は手下のヒコにオートバイに乗せてもらって新宿の大通りを暴走する。
　そのヒコが殺されて、泉は松の木組の事務所に行く。が、クレーンで吊され、生コンクリートの槽に何回もつけられてしまう。佐久間の機転で助かるが、抗争は麻薬がらみで裏には「ふとっちょ」という大物がいることがわかる。
　ふとっちょ（三國連太郎）に襲名祝いと食事に招かれた泉はまたひとりで行く。食事が終わると、ふとっちょは泉をベッドルームに連れこもうとする。身代わりになってくれたのはマユミだった。外には佐久間がいた。
　ヘロインをめぐり大勢が死んでいく。泉はふとっちょの浜口物産になぐりこみをかけ、機関銃を乱射して叫ぶ。「カイカーン！」

解説

　赤川次郎の同名小説を田中陽造が脚色している。星泉役を最初から薬師丸ひろ子に決めてから小説が書かれたのかと思うほどだ。

　相米慎二監督はカットをちょこちょこにせず、ずっと長回しをする。リハーサルを延々とくり返す。俳優が自意識を失くし、演じていることさえ忘れさせようとするのだろう。

　私はこの作品の撮影中に、日活スタジオに薬師丸ひろ子にインタビューに行ったことがある。泉がコンクリートにつけられ、助け出されてシャワーを浴びるシーンを撮っていたが、何十回もやらされたと薬師丸ひろ子は言っていた。それで、何回目が良かったなどと監督は言うが、どのように演じたのかは覚えていないとボヤいていた。

　1981年12月19日公開の"お正月"映画である。あちらこちらの教育委員会は「高校生がヤクザ者になり、機関銃を撃ちまくるなんて、非行化のもとだ」と観賞禁止を通知したりした。が、映画は大ヒットして、82年の興行収入第1位になった。「夢の途中―セーラー服と機関銃」のレコードもヒットした（曲のオリジナルは来生たかお）。

　泉が歌う（マユミとハモる）のは「カスバの女」。アルジェリア戦争に行った傭兵（やとわれ兵）と、カスバに身を落とした踊り子の「一夜の火花」を歌ったものだ。レコードは55年に出されたが、ヒットせず、67年に急にブレイクする。全共闘の大学闘争、街頭闘争に合っていたのだ。

　1981年の作品だから、今観ると時代を感じる。泉のスカート丈はひざ下まである。学生カバン！　を持っている。佐久間たちは開襟シャツを着ている。でも、泉が「カイカーン！」と叫ぶときの表情、佐久間の死体に会うときの表情は、まさに絶妙だ。

　泉が二丁拳銃で撃ったり、セーラー服に赤いハイヒールをはいていたり、排気溝の上に乗った泉のスカートがふくれあがる（マリリン・モンローの『七年目の浮気』のパクリ）など、相米慎二監督のサービス精神も旺盛だ。

かいじゅうたちのいるところ

おおかみの着ぐるみを着たマックスは
1人ヨットに乗って不思議な島に着く。

スパイク・ジョーンズ監督作品
2009年　アメリカ　日本公開2010年　101分

　　かまくらのように、小さな雪山に穴を掘ったマックスは、姉の仲間に雪玉を投げる。1人対多勢だから、マックスは雪穴に逃げこむが上に乗られて、穴はつぶれてしまう。ベソをかいたマックスは台所で雪を払う。
　ママには恋人がいて、部屋で楽しそうにおしゃべりしている。機嫌が悪くなったマックスは、おおかみの着ぐるみを着たままテーブルの上に乗る。ママに怒られると、外に逃げ出す。
　気がつくと、マックスはヨットに乗り、夜の海にいる。海は荒れる。着いた島の森に明かりが見える。近寄ってみると、怪獣たちがいる。キャロルという怪獣が「誰もオレの味方になってくれないのか」と叫びながら暴れている。「オレ1人」に共鳴したマックスも飛び入りで、家を壊して大暴れ。
　怪獣たちに食べられそうになるが、マックスは「ぼくには他の世界のパワーがある。そのパワーを使わせないで！」とウソを言い、「バイキングをやっつけてぼくは王様になった。20年間王様だった」と話す。半信半疑のキャロルが「さみしさ、悲しみをなくせるか」と言うと、「バリヤーではねかえしてあげる」と仕草(しぐさ)をしてみせる。
　怪獣たちは「オレたちの王様だ」と認めてくれる。王冠をかぶせてもらったマックスは「怪獣踊りを始めよう」と命令する。怪獣たちは大喜び、大さわぎ。森の中を跳ね回る。
　跳ねてた怪獣はマックスに「これがうちの家族。みんな王様ができて喜んでる。でも、それをすなおに表せなくて、変な態度に出ることもあってさ」と言う。
　怪獣たちはみんな自己顕示欲が強く、得意の技をもっている。
　マックスも自分の気持ちを話す。
　マックスと怪獣たちは理想の砦(とりで)を作ることにする。みんな楽しそうに仕事をする。でも、トラブルも当然ある。すっきりさせるには泥団子合戦だとマックスは提案する。

解説

　原作はモーリス・センダックの絵本。センダックは 1928 年生まれ。ポーランドからのユダヤ人移民の子である。1963 年にこの作品を発表している。

　ある晩いたずらを始めたマックスは大暴れをして寝室に放りこまれる。すると、寝室に木がはえだし、森や野原になる。波が押し寄せて、船を運んでくる。マックスは 1 年と 1 日航海して、怪獣たちの島に着く。

　マックスは怪獣ならしの魔法をかけ、王様になる。怪獣踊りをする。でも、さみしくなって、帰ることにする。怪獣たちは「おれたちは　たべちゃいたいほど　おまえが　すきなんだ。たべてやるから行かないで」と言う。1 年と 1 日かけて航海すると、自分の寝室。「ちゃんと　ゆうごはんが　おいて　あって　まだ　ほかほかと　あたたかかった」。

　神宮輝夫訳のこの絵本が 1975 年に冨山房から発行されると、センダック・ブームが起き、同出版より『まよなかのだいどころ』『アメリカワニです、こんにちは』など、何冊もの絵本が出版された。

　原作自体は短編なのだけど、それを 101 分のドラマにしたのは脚本を書いたスパイク・ジョーンズとデイブ・エガースの手腕だ。テーマも家族問題になっている。マックスも孤独感を持つが、怪獣たちも「さみしさ、悲しみ」を感じている。でも、マックスにはママがいる。怪獣たちにはいない。マックスには帰るところがある。

　マックスはキャロルに「喰ってやる」と追いかけられるが、「暴れたいわけじゃないと思うよ、こわいんだ」と分析する。そして「ぼくはバイキングでも王様でもない。ぼくはマックス」と言う。

　この作品は自分さがしの旅物語なのだ。

　『かいじゅうたちのいるところ』のアニメーションもある。DVD セレクション「世界絵本箱」に収められている。モーリス・センダックの他の作品も収録されていて、おすすめだ。

ルドルフとイッパイアッテナ

皇帝の名前をつけられたルドルフが
なぜかノラ猫になってしまう大冒険。

湯山邦彦・榊原幹典監督作品
2016年　日本　89分

物語

　リエちゃんにかわいがられている黒い子猫のルドルフ。リエちゃんが出かけたのあとを付いていこうと、外に出る。初めての町の中。車にひかれそうになったり、人にぶつかりそうになって、魚屋の店先からシシャモを一尾くわえてしまう。魚屋さんに追いかけられて、逃げようとして長距離トラックの荷台に乗ってしまう。
　トラックが着いたのはなんと東京の街。
　体の大きなボス猫に出会う。ボス猫の名前はイッパイアッテナ。イッパイアッテナはルドルフに「もう家には帰れない」と言う。
　翌朝からイッパイアッテナに付いて、エサをもらいに街の中を歩きまわる。イッパイアッテナは、人からボス、デカ、ノラ、シマスケなどと呼ばれる。つまり、「名前がいっぱいあってな」なのだ。ステトロとも呼ばれている。
　金物屋のブッチーは情報屋だ。イッパイアッテナのことを、もとは飼い猫だったなどと教えてくれる。
　飼い猫だった頃、名前はタイガーだった。飼い主はアメリカに行ったが、その前に文字の読み書きを教えてくれた、隣の家の猛犬ともうまくやっていたとイッパイアッテナは話してくれる。
　イッパイアッテナはルドルフとブッチーを学校の教室に連れて行き、動物図鑑を見せる。文字を覚えれば本が読める、本を読めば教養が身につくと言う。ルドルフも字を覚えることにする。
　夏休みの学校に入って、職員室でエサをもらっているとき、テレビ番組が岐阜市の紹介をしている。ルドルフは自分の家は岐阜だとわかる。イッパイアッテナは今いるのは東京江戸川区の新小岩だと言う。やみくもには行かれないと説得するのだけど、ルドルフは街の中に「ギフ」と書いてあるトラックに乗りこむ。イッパイアッテナとブッチーはトラックを追いかける。

解説

　原作は児童文学作家斉藤洋のデビュー作。ルドルフという昔の皇帝の名前をつけられた子猫の冒険物語だ。

　魚屋さんの店先でシシャモの箱に入ってしまい、一尾くわえて魚屋さんに追いかけられるのは、まるで「サザエさん」の歌である。デパートやスーパーではありえない。笑えるシーンだ。乗ったトラックは東京行。

　といってもルドルフは自分がどこに住んでいるのか知らないのだし、東京がどこなのかもちろん知らない。迷子になったことがある人には覚えがあるだろうけど、自分の家がどこなのか人に説明するのはむずかしい。どうして迷子になったのかも説明できない。だから、泣くしかない。童謡の「泣いてばかりいる子猫ちゃん」だ。

　でもルドルフは泣かない。ここがいい。ボスネコに堂々と「こわい」と言うところが正直でいい。このボスネコがいい。文字が読めるし、図鑑も読んでるし、歴史にもくわしい。勉強ぎらいの人間の子に言ってやりたくなる。

　ボスネコの格言がきまってる、「絶望はおろか者の答え」だ。「オレはオレ。飼い猫でもノラでもオレはオレ」だ。

　冒険は「オレ探し」なのだ。テレビの番組で自分が住んでいたのが岐阜市だとわかったルドルフは、イッパイアッテナの注意も聞かずギフと書いてあるトラックに乗る。冒険には危険がつきものだ。

　ルドルフは岐阜に帰れるのか、リエちゃんに会えるのか。

　この物語の山場はと思うとはずされる。次こそはと思うとまたはずされる。これがこの作品の絶妙な筋書きだ。

　ルドルフの声優は井上真央、イッパイアッテナは鈴木亮平、デビルは古田新太、役になりきっている。原作者の斉藤洋も出ている。

　じつは、私は斉藤洋の大ファンで、著書はほとんど読んでいるのです。皆さんも読んでください。

ローマの休日

王女様はたいくつ。
大使館を抜け出し、ローマの街へ。
オードリーが光り輝く。

ウィリアム・ワイラー監督作品
1953年 アメリカ　日本公開1954年　118分

物語

　ある国の大使館の大広間で、王女アン（オードリー・ヘップバーン）が各国大使たちと会見をしている。王女はきちんと対応しているが、たいくつしているらしく、ドレスの中で片方のハイヒールを脱いで転がしている。
　ヨーロッパ各国をまわっての旅で王女は疲れているらしい。医者は王女にゆっくり休むように言うが、眠れない王女は大使館を抜け出し、ローマの街に行く。
　スペイン広場のベルニーニの泉で楽しんでいるうちに眠くなった王女はベンチで寝てしまう。通りかかったジョー（グレゴリー・ペック）が起こそうとするが、だめ。気品があるし、服装もきちんとしているから、良家の娘と思い、ジョーは彼女を自分の下宿に連れていき、ベッドに寝かせ、自分はソファーで横になる。
　翌朝、勤務先の新聞社に行くと、王女の失踪がニュースになっている。ジョーは新聞記者なのだ。特ダネが飛びこんで来たわけだ。ジョーは下宿にもどる。王女はジョーに金を借りて大使館に帰ろうとするが、自由の気分にひたっていたくなり、もう一日帰るのを延ばす。
　ジョーは"しめた"とばかりにアンをローマ観光の案内をする。「真実の口」ではウソを言っていると噛まれると説明する。アンは手を海神トライトンの口に入れる。アンもジョーもウソを言っているのだからヒヤヒヤする。
　アンは美容院に寄り、髪をおもいきり短くする。その間にジョーは同僚のカメラマンを呼びよせる。特ダネ写真もバッチリだ。
　アンは河につながれた船でダンスを楽しむ。そこに大使館の職員が迎えに来る。大騒動となり、アンもギターで相手の頭をたたいたりする。逃げるときは河に飛びこむ。
　後日、大使館での記者会見。ヨーロッパはどこが良かったと聞かれて、王女は「どこも」と答えかけるが、ジョーと目を合わせると「ローマが一番」と言う。

解説 なんといってもオードリー・ヘップバーンである。気品があり、スリムで、目が輝いている。王女とはこうなのかと思わせてくれる。この映画1本でオードリー・ヘップバーンは大スターになった。でも、初めての映画出演ではない。1929年にオランダ貴族出身の母とイギリスの実業家の父の間に生まれたオードリー・ヘップバーンはそれこそ王女のように育てられる。が、戦争で生活を壊され、ロンドンに住むようになり、映画にも何本も出ている。オードリー・ヘップバーンの才能を見出したのがウィリアム・ワイラーだ。ワイラーは監督として『我等の生涯の最良の年』（1946年）、『黄昏』（1952年）などの名作を撮っている。監督と俳優の出会い、監督が俳優の力をどうやって引き出すのかも興味深い。

この映画はローマ観光のガイドにもなっている。スペイン広場は美しい公園だし、祈りの壁は第二次世界大戦のとき4人の子どもを連れた父親がここで神に祈ったところ、空襲の爆弾から逃れられたという場所だ。真実の口もおもしろい話がついている。トレヴィの泉、コロシアム、そしてローマの市場。ジョーの下宿があるマルグッタ街の芸術家村。行きたいところばかりである。ジョーがアンを乗せて走るスクーター。日本でも人気のおしゃれなバイクだった（当時はラビットと呼んでいたけど、ラビットはメーカーの名前で、スクーターが正しいとされた）。

ラスト。ジョーは特ダネのメモを捨てる。そして、写真を王女に渡す。なんともかっこいい。私たちもガツガツせずに生きたいものだ。

そして、製作・公開の時期である。戦後8年。人々の生活が安定しだした頃だ。明るい話題がほしい、旅行にも行ってみたいという希望と結びついたといえる。

でも、その裏でアメリカでは"赤狩り"といって、映画界から共産主義に同調する人を追放する弾圧がされた。この映画の脚本を書いたドルトン・トランボは追放された10人の中心的人物だ。トランボは自分の名を伏せて脚本をワイラーに渡した。作者として公表されているイアン・マクレラン・ハンターは友人であった（山本おさむ作『赤狩り』小学館）。

100歳の少年と12通の手紙

病気で苦しむ少年が
10日間で100歳まで駆け抜ける。
話し相手は元プロレスラー。

エリック＝エマニュエル・シュミット監督作品
2008年　フランス・ベルギー・カナダ
日本公開2010年　105分

物語

　　　教室で先生に水風船をぶつけても、ブーブー・クッションをしかけても、教科書にこしょうをはさんでも、オスカーのいたずらとわかると先生は怒らない。
　オスカーは廊下で派手な服の女性とぶつかってしまい、「失せなチビ」とののしられる。女性はプロレスラーだと言う。
　オスカーは両親と医師の話を聞いてしまう。白血病の治療がうまくいっていないと医師は説明している。ショックを受けて倒れてしまったオスカーは「バラ色の女の人となら話す」と言う。その女性はマダム・ローズで宅配のピザ屋だ。医師はローズを病院に呼び、オスカーの話し相手になってほしいとたのむ。
　「誰もがぼくが死ぬと言わない。…また来て」とオスカー。ローズは「死にそうな子の相手なんてお断り」と医師に言う。医師は「これは現実で、あの子はなぜかあなたとしか話したがらない」と言い、「毎日ピザを届けに来て、彼と少し話すのはどうか」と提案する。
　ローズは「リングネームは極悪トンボ」と自己紹介し、試合の話をする。対戦相手は"悪魔のサンクレール"。空中戦で極悪トンボが勝つ。「毎日来てくれる」と聞くオスカーに、ローズは「12日間」とうっかり言ってしまう。オスカーは「そんなに悪いの」と落ちこむ。ローズは取りつくろうように、「1日が10年」と言う。オスカーは1日に10年成長する。
　翌日、病室にやって来たローズは、たいくつだというオスカーに手紙を書けばと提案する。「誰に」とオスカー。「両親はきらいだ。サンタには1度だまされた」と言うが、ローズは「神様に」と説得する。ローズはオスカーの書いた手紙を風船に結んで、神様に届ける。
　ローズはクジラのような大女"プラム・プディグ"との戦いを話す。観客は小児病棟の友だちだ。"バレリーナ"の試合。"デカパイ"との試合、デカパイの得意技は"悪臭"。審判も観客も卒倒してしまう。

86

解説 　小児病棟にはいろいろな病気の子がいる。オスカーは白血病。ポップコーンは過食症で肥満児。アインシュタインは水頭症。ペギーは心臓が悪くてチアノーゼ。

　そんな子どもたちに私たちはどう接したらいいのだろう。オスカーの両親は息子に病状を話すどころか、落胆して面会もせずに帰ってしまう。親の心情を察することのできない10歳のオスカーは、心を閉じてしまう。つらい話である。そのオスカーが元プロレスラーのローズの汚い言葉に笑う。でもローズは病気が怖い。ピザを毎日届けに来て、オスカーと会ってくれという医者は賢く、柔軟だ。

　ローズはオスカーにどう接するのか。ローズは子どももいるが、離婚して今は母親と暮らしている。恋人もいるが「愛とかやさしさとか思いやりとかが大きらい」だ。

　元プロレスラーだったときの試合の話をするのだけど、これが尾ひれをつけたようでおもしろい。末期ガンの少年を励ましているのか、現役時代を思い出しているのか。いや、本当にプロレスラーだったのか。

　でも、こんなキャラクターの人が小児病棟のボランティアでいてくれたら楽しそう。

　1日で1歳年をとるという話は中国にもある。日本では黒テントの佐藤信の芝居にもある。この作品では1日で10歳である。わずか10日間で100歳。15歳のオスカーは恋をする。好きな女の子に告白し、キスをする。40代になったオスカーは「人生を味わうにはセンスがいります。洗練されないと」と言う。なかなか言うじゃないか。

　少年の死に直面して、ローズは哲学的なことをオスカーに話す。それはローズ自身に向けた話でもある。医者も「あの子がみなを守っていた」と言う。オスカーも「病気はぼくの一部だ」と悟る。

　ハンカチを目に当てながら、笑ってしまう。でも、子どもの死とどう向かいあうかを問う作品だ。

スモーク

交差点で写真を撮り続けるタバコ屋。
人が行き交うこととは。

ウェイン・ワン監督作品
1995年　アメリカ・日本　113分

　　ニューヨーク・ブルックリン。14年間同じ場所で同じ時刻に写真を撮っているタバコ屋の主人オーギーに、妻を交通事故で亡くし、失意のあまり小説が書けなくなった作家のポールが、「なぜ定点観測をしているのか」と問う。オーギーは、「そこにはいろいろな人生がある」と答える。オーギーが撮った写真の中にポールの妻の写真もある。その交差点を渡るのが1分でも早ければ、または遅ければ、事故にあわなかったのに。

　ポールの部屋に黒人少年が転がりこむ。仕事のじゃまになるからと、ポールは少年を追いだす。偽名の少年は母を亡くし、父は行方不明。おまけに、少年は強盗が落とした大金を拾っていた。ポールは少年をタバコ屋で働けるようにする。が、少年は店を水びたしにしてクビになる。少年は修理費として、横領していた金を渡す。

　タバコ屋にはいろいろな人がやって来て、おしゃべりを楽しんでいる。「密売のキューバ葉巻は危なくないか」と客の1人が言うと、オーギーは「判事や政治家が喫っているんだ」とうそぶく。ある日、オーギーを裏切った女がやって来る。生活に困っていて、娘が妊娠していると言う。オーギーは女の家に、娘に会いに行くが。

　黒人少年の本名はラシードらしい。ラシードは町外れのガソリン・スタンドで働くことになる。一日中、客の来ない店の店主の左腕は義手だ。店主はラシードに事故のことを語る。そこにポールがやってくる。ある事実がわかる。

　ポールにニューヨーク・タイムズから原稿の注文が来る。ポールは再起できるだろうか。オーギーはポールにネタをくれる。オーギーの店で万引きをした少年の話だ。オーギーは少年の家を突きとめて、トイレにあった盗品のカメラを1台持ち帰ったと言う。

2 ラブロマンス&エンターテインメント

解説

　実によくできている話だ。小説家ポール（ウィリアム・ハート）とタバコ屋（ハーヴェイ・カイテル）の2人が淡々と話す中身は、まさに定点観測だ。うそなのか本当なのか。うそとわかってもだまし、だまされているのか。演技なのか、人情なのか。

　映画のタイトルは『スモーク』。文字どおりタバコ屋が舞台で、オーギーもポールもタバコを喫う（まだタバコの害が大きな問題になっていなかった1990年代の作品だ）。話も「煙に巻く」ようだ。ウィリアム・ハート主演の『蜘蛛女のキス』も「煙に巻く」作品だが、『スモーク』を観たあと、私は煙に巻かれるのもいいなと思ってしまった。

　原作はアメリカの作家ポール・オースターの『スモーク&ブルー・イン・ザ・フェイス』（新潮文庫）。原作をポール自身が脚本化している。

　この作品は日本の企業が制作費を出し、アメリカの映画人が制作している。映画の表示では日本アメリカ合作となるのだが、この作品だけでなく、ものによっては3か国、4か国の合作ということもある。映画が利潤追求の対象となっているせいだろうか。ややこしいことだ。

　この作品が日本で公開されたのは1995年。今から22年前である。25週ものロングランだった。その作品が、今また上映され、観客を集める。『ゴンドラ』（90,91p）は28年を経て再上映。もちろん、作品自体がいいからなのだが、今日の社会現象が土壌になっているようだ。貧困層の拡大、格差の拡大、孤立化、差別の拡大、民族主義といった問題が深刻であるから、コミュニケーションの回復を人々が、無意識であっても求めているのだろう。オーギーは目が見えない老女と、孫だとウソを言ってチークダンスを踊る。老女もウソとわかっていながら踊る。これはまさにやさしさだ。

　映画のラスト、流れる曲はトム・ウェイツ作曲の「イノセント・フェン・ユー・ドリーム（Innocent when You Dream）」である。私は涙が止まらなかった（私だけでなく、目を赤くしている人がたくさんいた）。

ゴンドラ

親の離婚に心を閉ざす少女を
都会の孤独な青年がいやす。

伊藤智生監督作品
1986年制作　1988年公開　日本　112分

　　超高層ビルの窓みがきの青年がゴンドラに乗りこむ。ゴンドラから地上を見ると、ジオラマのようだ。ゴンドラの青年にはビルの中が見える。が、中で働く人たちは青年を見ない。
　小学校のプール。少女が貧血をおこしたのか保健室に運ばれる。遠くにビルから下がっているゴンドラが（一瞬）見える。女の子はマンションの自室にもどると、水着を洗い、屋上に干す。初潮だったのだ。女の子の目にはゆらぐ町が入っている。部屋では母親が英会話のテープを聞きながらメークをしている。と、二人の間にブラインドが下がってくる。幻想なのか、心象なのか。
　道路に五線を描き、音符を描いている男がいる。それを道路清掃車が消す――そんな夢を女の子は見る。夢からさめた女の子は音叉をたたく。
　ロープに吊り下がった青年がレストランの窓をみがいていると、中の客がいやな顔をしてボーイにブラインドをおろさせる。
　学校では女の子がロッカーの中の下着を隠されてとまどっている。ほかの女の子たちはひそひそとささやいている。
　そんな２人の目が合うのは、マンションのガラス越しだ。女の子がかわいがっている２羽の文鳥がケンカをして、片方がけがをしてしまう。とまどっている女の子。青年は女の子と動物病院に行く。文鳥は入院となる。女の子は地面に文鳥の絵を描く。青年がほめると、女の子は絵を消してしまう。そして、手術代はいくらかと聞く。青年がドリンクを渡すと、またいくらかと言う。お金にこだわっているのか、人とのコミュニケーションをこばんでいるのか。
　青年がボロアパートに帰ると、ふるさとの母親から荷物が届いている。シャツや食べ物が入っている。青年は海産物を売り歩く母親を思い出す。
　マンションでは女の子がもう１羽の文鳥をいじめている。メトロノームを速くして、文鳥を眠らせまいとする。その音に女の子は父母のケンカを思い出してしまう。こんな２人が夏休みに青年のふるさとに向かって短い旅に出る。

解説 ゴンドラというと、イタリアのヴェネツィアの観光客を乗せる小さな船を思い浮かべますか。

画面にいきなり超高層のビルの清掃用のゴンドラが出てくるので、びっくりです。青年は命綱もつけずにゴンドラに乗りこむのですから、心配してしまいます。親の離婚が納得できない女の子「かがり」を演じているのは、当時東京都の公立の小学生だった植村佳子です。映画前半の不安で心を閉ざした演技と、旅に出てからの明るさとをみごとに演じわけています。青年・良を演じているのは界健太。都会に暮らす孤独な役を淡々と演じています。

2人が向かったのは、下北半島。貧しい過疎の地に国は壊れた原子力船むつ号を停泊させたり、核再処理工場を建て、原子力発電所をいくつも建ててきました。正月の初ぜりで日本一の値がつく大間マグロの大間にも原発を建設中です。

でも、本当はきれいな海（仏ヶ浦の景観はみごと）と、人情のあつい土地なのです。青年の母親といっしょにお風呂に入って、背中を流すシーンもほのぼのさせます。だから、かがりもいやされ、良も父と和解できたのでしょう。国の原子力政策が下北を壊しているのです。

この映画の公開は1988年です。制作は86年。いい映画だからすぐ公開されるというわけではないのです。そこで監督とプロデューサーは英字スーパー入りのプリントを作り、ニューヨークで上映し、香港で上映し、87年10月に東京渋谷のホールで自主上映します。その成功をもとに、88年4月にロードショー公開となったのです。

30年後の2017年。東京および各地で再上映され、たくさんの人たちが感動しました。そうそう、文鳥の名前はチーコですが、これはつげ義春のマンガ「チーコ」からとったのでしょう。弁当箱のふたの絵は、この作品ではバラです。『二十四の瞳』（101p）にはユリが描かれています。

ニッポンの、みせものやさん

こわいものみたさに、小屋に入ると、
火吹き女がいた。

奥谷洋一郎監督作品
2012年　日本　90分

ドキュメンタリー

　子どもだった頃、神社や寺の縁日には綿菓子屋、あんず飴屋、金魚すくい、たこ焼き屋、射的などの屋台が出ていた。広場のはずれには膏薬売り（ガマの油売り）が刀で自分の腕を傷つけて薬を塗って止血したり、見物している子どもの腕をねじって脱臼させ、薬を塗ってもとにもどしてみせたり、足下の袋を突っついて「この袋の中には猛毒のハブがいる。このハブに腕を咬ませる」と大声で言うのだが、いつまでたってもハブを出さない。
　そのまた一角にはサーカスのテントがあったりした。見世物小屋もあった。
　見世物小屋では客寄せがダミ声で「今始まるところです。見ないと一生の損。お代は見てのお帰り」と誘う。
　サーカスやオートバイの曲乗り小屋が「陽」なら、見世物小屋は「陰」だ。客は自分で好奇心を高め、だまされて納得する。
　ある小屋に入ると、司会のお姉さんがろくろっ首の女を見せると口上を述べている。そこには派手な着物の女性が座っている。首は長くもなんともない。と、お姉さんが「この娘は怒ると首が伸びる。今日は機嫌（きげん）がいいようで首は伸びていない」と弁解する。横に置いてある樽から水がピュピュと噴き出てる。「カッパがいるけど、機嫌が悪くて水を噴き出している」そうだ。「今日はついてないなあ」と思っていると、また隣りのしかけに皆、ぞろぞろ。いつの間にか出口である。口上と誘導のうまさに客はだまされる。
　そんな怪しげな見世物小屋はもうなくなってしまったのだと思っていたけど、まだ一つだけ残っていて、その小屋を撮ったドキュメンタリーが上映中と聞いて、私はまただまされてみたくなった。

92

見世物の映画といえばトッド・ブラウニング監督の『フリークス（怪物団）』が有名だ。これは1932年作の劇映画で、当時すぐに障がい者差別だと抗議を受けたそうだ。
　さて、奥谷監督の作品。スクリーンにぼんやりと小屋が映る。ダミ声で「これが人間か、これが女か」と啖呵が聞こえる。小屋の中では赤い襦袢の若い女がヘビを呑んでいる？
　かつて三百以上もあった見世物小屋も今は日本にただ一つ。
　大寅興業社はトラックに荷物を一切合切積んで旅に出る。目的地に着くと、全員で小屋を組み立てる。
　奥谷監督は大学生のとき、お化け屋敷でアルバイトをしていて、大寅興業社の人たちと親しくなったという。それ以来10年のお付き合いのようだ。「見世物小屋が見世物になっては」とはじめのうちは映画の話を断っていた大寅の裕子姐さんが撮影を承知したのも、奥谷監督の「記録を残したい」という一途さにひかれたからだろう。監督はナレーターもしているのだが、その口調はたどたどしいくらいに実直だ。
　裕子姐さんは自分たちの仕事を近所の人たちに隠していないと言う。見世物だけでなくお化け屋敷もやること。自分が大寅を継いだわけなどをごく自然に話す。深夜2時すぎに興行が終わってから訪ねてきた、かつてのライバル社の人たちとこたつを囲みながら、啖呵の切り方を被露したりする。売り上げ競争をしたこともなつかしそうに語る。古い写真や仲間が作った小屋の模型を見せながら、裕子姐さんは「もどれたってもうもどれない」とつぶやく。
　大寅興行社の見世物小屋は、毎年東京は新宿の花園神社のお酉さんの夜に掛かると聞いて、私は二の酉に行ってみた。大勢の人出、いろいろな屋台、熊手を売買する人たちの手拍手とかけ声でにぎわう神社の片隅から、客寄せのダミ声が聞こえて来た。中に入ると、お峰太夫がロウソクに火をつけ、溶けたロウを口にたらし、火を吹く芸を見せる。まだあったんだ、本当にやっているのだと私はうれしくなってしまった。ニシキヘビの抜け殻の一片を縁起物（財布に入れておくとお金が増えるそうです）にもらって私は、ホクホクしてしまった。

ハイヒール　こだわりが生んだおとぎ話

物質への欲望が地球を滅ぼすと気づいた人々は
アンドロイドになって欲望を捨てるが。

イ・インチョル監督作品
2017年　日本　30分

　　　人間の欲望が環境を破壊しそうになったとき、人々は自分からアンドロイドになることを選ぶ。アンドロイドは少しの栄養液を飲むだけで生きていける。ところが、不完全なアンドロイドがあった。
　靴職人の Kai（菊地凛子）の店に、自分の足にぴったりの靴を作ってほしいという客 Yellow が来る。足のサイズを測ると片方が少し短い。
　Kai はあれこれと試作して、白いハイヒールを作りあげる。店に展示すると、やって来た Blue がはいてみたいと言う。もちろん Kai は断る。店の中を勝手に歩きまわる客 Red もいる。
　ハイヒールを取りに来た Yellow がはいてみると、片方が足に合わない。Kai は直すというのだがどう直せばいいかわからない。
　またやって来た Blue に、ハイヒールをはかせた Kai だが……。

　　　30 分の短編。監督は日本で活動する韓国人。アンドロイド 4 人は日本人女優 4 人が演じている。
　Kai は完璧でないと納得できないという欲望。Yellow は好奇心という欲望に支配されている。Blue はほしい物は何でも自分の物にしたいという欲望にかられている。Red は自由という欲望の持ち主。
　4 人が着ている服はシャネルが造ったそうです。4 人ともおしゃれという欲望も持っているのでしょう。
　私は物欲はあまりなく、部屋にはテレビもないしクーラーもありませんが、映画を観たいという欲望はとても強い。あなたはどうですか。
　でも、欲望を持つのは人間性の一部分。欲のない人がいたら、ちょっと困ってしまう。欲をコントロールできない人もいやだし。
　Kai のハイヒール直しの最終手段は、映画を観てのお楽しみ。

3

文化に出会う

イラン式料理本

イランの男尊女卑の社会を
香辛料たっぷりに料理する。

モハマド・シルワーニ監督作品
2010年　イラン　日本公開2012年　72分

ドキュメンタリー

　イラン映画がおもしろい。
　『ジャファール・パナヒ（これは映画ではない）』（2011年）というちょっと変わったタイトルの映画もある。これは監督の前回の作品が検閲に引っかかり、映画制作を禁じられ、本人も軟禁状態におかれているから付けたタイトルのようだ。
　イラン映画には『友だちのうちはどこ？』（14,15p）や『運動靴と赤い金魚』（16,17p）など子どもを描いた秀作が多いが、これは映画監督たちが厳しい検閲のもとで、社会批判や政治批判の作品を撮れないから子どもにたくしているのだという説がある。『これは映画ではない』を観ると、この説には一理あると思えてくる。その検閲をくぐり抜けるかのように作られたのが『イラン式料理本』である。
　イラン料理を食べたことのない私は、どんな料理が出てくるのかと食指を動かした。伝統的なイラン料理をプロの料理人が鮮やかに腕をふるうのだろうと期待したわけである。ところがシルワーニ監督がカメラを向けるのはふつうの家の台所に立つ主婦である。
　この女性たちがおもしろい。レシピなどはなく、調味料もその日その日で量を変えているから、毎日新しい料理だととぼけている主婦もいる。2年間手を洗っていないからいい味が出るなどと、本当かジョークかわからないことを言ったりする。まったく気取らずに自分の台所を見せるので、私もつられて笑ってしまった。
　映画には7人の女性たちが出てくるのだが、この7人が全員監督とつなが

りがある。母、伯母、義母、妹、母の友人、友だちの母、そして妻である。

　この妻がじつに鋭い。監督の友だちである外国人が来たときにシチューを出した。客が料理をほめたのに、缶詰を暖めただけだと言ったそうだ。監督がなぜ興 (きょう) 覚めするようなことを言ったのかとなじると、妻は「だって嘘 (うそ) はつけない」と答え、「夜中に10人も連れてきて、おもてなしなんかできない」と切り返すのだ。

　7人の女性がつくる料理は、ナスの煮こみ、豆のピラフ、ドルマ（ぶどうの葉包み）、クフテ（ジャンボ肉団子）などである。宝石ピラフというのも出てくるが、どのような料理なのかわからなかった。香辛料もサフラン、ミント、コショウ、シナモン、メギの実、ディルなどである。

　ラマダン明けの料理は品数もボリュームも多く、数人が集って作っている。時間をかけて作った料理はうまそうだが、女たちのおしゃべりはもっとおもしろい。嫁に来たときにいびられたとか、突っかかられたとか、若い女が言うのをさらりとかわす姑。私は声を上げて笑ってしまった。

　が、その女たちが結婚したのが9歳、13歳となるとどういう風習なのだろうと考えてしまう。14歳で結婚した女（母の友人）の夫は、当時40歳だったという。私たちが思っている結婚とは多分に違うのではないか。

　男たちは妻の悪口を、妻のいるところで平気で、カメラに向かって言うのだ。嫁に来たときは何も料理ができなかった、オレが料理を仕こんだなどと自慢気だ。しかも男たちは、大勢の客を招いて豪華料理をふるまうのが好きなのだ。でも、男は料理を作らない。

　女たちは床にカーペットを敷き、クロスをかけ、食器を並べ、料理を出す。男は何もしない。食べるのは男だけ。食べ終わった後の片付けも女の仕事だ。ヴェールをかぶったまま食器を片づける妻に声もかけず、自分の男の子を（見るなとばかりに）隣りの部屋に連れて行く夫。おいおいそれはないだろう、とスクリーンに向かって文句を言いたくなる。

　監督のねらいはここにありそうだ。イランの男尊女卑の社会を料理してみせたのだ。ラストに「妻は離婚、妹も離婚」とナレーションが出てくる。失礼だがここでも私は声をあげて笑ってしまった。当然だよと思ったのだ。

　社会のあり方についての批判はまったくないのだから、検閲には引っかからない。こういう方法もあるのだと教えられる作品だ。

聖者たちの食卓

5千人がいっしょに食べる共同食堂。
1日10万人が食べにくる。

ヴァレリー・ベルト／フィリップ・ウィチュス監督作品
2011年　ベルギー　日本公開2014年　65分

　共同食堂では5千人がいっしょに食べる。1日の客は10万人。
　インド北西部のパンシャーブ州。ニューデリーの北西、パキスタンとの国境近くにシク教徒の〈黄金寺院〉ハリマンディル・サーヒブがある。ここのグル・カ・ランガル（共同食堂）では、巡礼者に1日10万人分の食事を提供している。一度に5千人がいっしょに食べるのだ。
　日本では、個食、孤食などというように家族そろって食事をしなくなったり、ファーストフード店で食事をしたり、カップ・ヌードルやコンビニ弁当で済ませることが問題になっている。
　それなのに、黄金寺院では5千人がいっしょに食事をするという。そんなことが可能なのか。どんな様子なのかと、私は興味を持った。
　シク教の教えに「宗教、カースト（身分制度）、肌の色、信条、年齢、性別、社会的地位に関係なく、全ての人々は平等である」とある。その教えの実践が共同食堂だ。民族差別や国境のことをやたらとあおる人たちに教えたいことだ。
　共同食堂のルールは
○宗教、階級はもちろん、女性、男性、大人も子どももいっしょに座る
○ターバンまたはタオルをつける
○残さず全部食べる、お代わりは自由
○使った食器は決められた場所に戻す
○一度の食事を5千人でとるので、ゆずり合いを忘れない
などだ。

それにしても5千人とは！
　食堂には、あざやかな色のサリーやターバン姿の人たちが大勢集まってくる。整理する人も注意する人もいない。それなのに押し合う人も割りこむ人も、大声を出す人もいない。
　その日のメニューは
豆カレー／ライタ（ヨーグルトサラダ）／サブジ（季節の野菜のスパイス和え）／チャパティー（薄焼きのパン）／スープ
だ。チャパティーをお代わりする人もいる。
　食べ終わると、自分で使った食器を洗いかごに入れて、そのまま順序良く出ていく。
　何ごともなく、5千人が食事をし、次の5千人が入ってくる。不思議というか、見事というか、うらやましい光景だ。
　料理を作る人たちもいる。10万人の食事なのだから、食材も大量だ。
小麦粉／2300kg　豆／830kg　米／644kg　牛乳／322kg
と書いてあるが、どのくらいかは見当もつかない。
　野菜の下ごしらえ、調理、給仕する人たちはサバダールと言われる約300人のボランティアの人。イモを掘るのも、野菜をきざむのも全部手仕事だ。パンの生地をこねる、丸める、のばす。チャパティーを焼く。延々としか形容できない。でも、誰も疲れた表情はしていない。どこか楽しそうだ。
　食器洗いもサバダールの仕事だ。食器洗い機などはもちろんない。延々と洗って、延々と拭く。
　もしかすると、これは〈人生〉〈人間〉を表しているのかなと思った。人も「遠くから来て遠くへ行く」。生まれて、育って、子を産み、やがて死んでいく。この繰り返し。これも延々である。悩んだり、苦しんだり、疲れることもあるだろうけど、それでも人は生まれ、産み、死んでいく。
　この映画を撮ったのは、66年生まれで映像作家でありフリーの料理人で、移動料理車で各地を回っているフィリップ・ウィチュスと、75年生まれのヴァレリー・ベルトだ。
　2人は豆カレーをごちそうになったと言っている。うらやましい。
　見終わってから、この映画にはセリフもコメントもなかったことに気づいた。それでもよくわかってしまうから不思議だ。

少女は自転車にのって

自転車がほしいから
コーランの暗唱大会に出る少女。

ハイファ・アル＝マンスール監督作品
2012年　サウジアラビア・ドイツ
日本公開2013年　97分

物語　コーランの暗誦の授業中、怒られて外に出される少女ワジダ。
　ワジダは黒いブルガの下はジーンズで、靴はコンバースのスニーカー。ワジダは10歳。ミサンガを作って売ったり、先輩のデートの手引きをして小金を得る。しかも相手の少年からも手引き料を取るというしたたかさだ。
　子どもたちも元気だ。「校長先生の家に泥棒が入った。が、本当は校長の恋人だった」とうわさ話をして笑い合っている。
　が、ワジダは持ち物検査で引っかかり、デートした先輩たちが宗教警察に逮捕されたことで、ワジダの手引きがバレて退学処分になりかける。
　そんなワジダの夢は自転車を買うことだ。自転車屋にお気に入りのがある。それで小金を貯めているのだが、自転車は高くて買えない。
　そこに一攫千金のチャンスが来る。コーランの暗誦大会で優勝すれば千リヤルもらえる。自転車は八百リヤルだ。ワジダは果敢にも立候補する。暗誦のお手本のDVDを買い、学校の宗教クラブにも急に入り、点数稼ぎをする。
　でも、こっそりと男友だちの自転車を借りて自宅の屋上で練習もしている。転んでけがをすると、母親は「どこから血が出たの。処女なのに」とわめく。
　その母親も、夫の気を引くために赤いワンピースを買ったりするのだが、夫は男の子がほしいから第2夫人をもらおうとする。
　家の壁に貼ってある家系図には男の名前しか書いてない。ワジダは自分の名前を書いて貼りつける。ワジダの意見表明だ。
　コーランの暗誦大会は、テレビのクイズ番組のように進められる。コーランの教義に答えられない子どもたちは、次々と失格してしまう。
　ワジダは勝ち残れるか。それなのに、ワジダは耳にピアスをしている！

100

3 文化に出会う

解説

　子どもと自転車の映画というとすぐ浮かぶのが『青い山脈』(今井正監督、1949年)だ。公開のときには高校生が銀輪部隊として宣伝に一役買って出たそうだ。『自転車泥棒』(ヴィットリオ・デ・シーカ監督、イタリア)で少年が泣き出すシーンも印象的だ。『二十四の瞳』(木下惠介監督、1954年)では大石先生が自転車に乗って岬の分校に来る。戦争が終わると教え子たちが大石先生に自転車を贈ってくれる。『ニュー・シネマ・パラダイス』(ジュゼッペ・トルナトーレ監督、イタリア)の上映技師のアルフレードが、少年トトを自転車のフレームに載せるシーンがすばらしい。ダルデンヌ兄弟監督『少年と自転車』(ジャン＝ピエール・タルデンヌ、リュック・タルデンヌ監督、ベルギー・フランス・イタリア)のシリル少年もかわいい。『Ｅ．Ｔ．』(スティーブン・スピルバーグ監督、アメリカ)でも自転車が活躍している。

　『少女は自転車にのって』はサウジアラビアの映画だが、サウジアラビアでは映画が禁じられていて、映画館はないそうだ。自宅のテレビでDVDは観られる。でも、DVDの操作は男しかしてはいけない。

　自宅に来る客は男だけで、妻は料理がうまくなければダメ。その料理を客の前には運べない。ドアの外に置く。夫が料理を部屋の中に持ちこみ、あいた皿を外に出す。

　女は男に姿を見られてはダメ、声を聞かれてもダメ。

　そんな理不尽な女性差別を、ハイファ・アル＝マンスール監督はワジダを通して告発しているのだ。その怒りは、女たちにも向けられている。女の子が自転車に乗るなんてとんでもないと言う母親、第2夫人を結局は認めてしまう母親、少女たちのおしゃれをとがめて退学処分をちらつかせる女性校長。そういう社会のあり方に、ワジダは反発しているのだ。監督は、もちろん女性だ。

　映画を観たあと、私は「サイクリング、サイクリング、ヤッホー、ヤッホー」と昔の歌を思い出し、小声で唄ってしまった。

ラサへの歩き方　祈りの2400km

ラサへの巡礼の旅1200km。
さらにカイラス山まで1200km歩く村人11人。

チャン・ヤン監督作品
2015年　中国　日本公開2016年　118分

物語

　中国の四川省に近い・チベット自治区のプラ村。父親が亡くなって間もないニマの家では法事が行われている。父の弟のヤンペルは聖地ラサに行きたいと言う。家長のニマはラサに巡礼に行くと決める。うわさを聞きつけて、いっしょに行きたいという村人が集まってくる。メンバーは11人になる。小さな女の子も、お腹の大きな女の人もいる。いちばん年上のヤンペルは70歳。

　メンバーは巡礼の支度をする。靴は買うがはんぱな量ではない。板を削ってゲタのような物を作る。皮でエプロンのような物を作る。干し肉も作る。

　いよいよ出発。荷物はトラクターが引く荷車に載せて、巡礼者は歩き。

　この歩きが、驚いたことに「五体投地」をしながらだ。合掌して、両手両足でかがみ、全身でうつ伏せになり額を大地につける。ゲタのような板は、手にはめる物だ。皮のエプロンはうつ伏せの防衣だ。

　五体投地したまま動かない人がいる。メンバーが声をかけると、「目の前を虫が歩いている」と言う。虫の命も守るのだ。巡礼者の横を大型トラックがビュンビュン走り抜けていく。夜はテントを組み立て、野営する。

　ある夜、お腹の大きかったツェリンが陣痛を訴える。トラクターで病院に行き、無事出産。村からツェリンの両親もかけつけて、赤ちゃんに名前を付ける。

　途中で、「赤い髪飾りはダメだ」「歩きすぎだ」といっしょになったおじいさんが指導してくる。そのおじいさんの家に泊めてもらった一行はお礼に畑を耕す。落石があり、1人にあたる。治るまでゆっくり休むことにする。

　水が川のようにあふれている場所もある。川というより小さな滝のようだ。さあ、どうする。

　トラクターに突っこんできた車があった。でも一行は怒ったりしない。壊れたトラクターを置いて、一行は荷車を押していく。

解説

　チベットは不思議な地である。4千メートルを超える高地で、聖地ラサにはチベット仏教の象徴のようなポタラ宮がある。こんな高地にどうやってあんな大きな高層の建物を建てたのだろうか。

　輪廻転生（りんねてんせい）というチベット仏教の生命観も不思議である。法王のダライ・ラマは世襲制でも選挙によるものでなく、転生で決めるという。政治的にも、中国との関係という問題をかかえている。ダライ・ラマは今でも亡命中である。

　チベットの小さな村にチャン・ヤン監督たちは入っていく。放牧と農耕、林業をなりわいとする村らしい。村人の衣類、食べものを、監督はていねいに撮っている。質素な暮らしだが、人情は濃い。

　ラサまで巡礼に行くというのはチベット仏教の人々にとっては、あこがれのようだ。しかし、歩いていくのだからびっくりだ。車で行けばいいじゃないかと私などは思ってしまう。しかも、五体投地という仏教の祈り方のうちもっとも丁寧なやり方で、2400kmの道を行くというのだからおどろいてしまう。いったい何日かかるのだろう。

　だが、一行は日数も旅費にもわずらわされない。出産があっても平気。いっしょになったおじいさんの家に泊めてもらったら、翌日は畑を耕して恩返し。交通事故にあっても相手をののしりもしない。荷車を押した道のりは1度もどって、また五体投地で歩く。ズルはしない。

　ラサに着くと、旅費が尽きる。そこでラサの建築現場で働く。

　なんだろう、この人たちの生活観は、時間観はと思ってしまう。

　私はこの映画はドキュメンタリーだと思った。が、チャン・ヤン監督たちは脚本を書き、そのイメージに合った人々を探し、プラ村に行き着いたと言う。いわば監督の執念が村の人たちに出会わせてくれたのだと思う。

　私は小学生の頃、国語の教科書で河口慧海（えかい）の文章を読んだことがある。大学生になってからそれが『チベット旅行記』（上・下、講談社学術文庫）だとわかり、読み直した。慧海の話もとてつもなくおもしろかった。

フィオナの海

アイルランドの妖精伝説。
フィオナは弟は生きていると信じる。

ジョン・セイルズ監督作品
1994年　アメリカ　日本公開1996年　103分

　　　　甲板に少女が立っている。おじいちゃん、おばあちゃんの家に1人で向かっているのだ。髪の毛は長いが、顔色は良くない。カモメがついてくるかのように舞う。アザラシが少女を見つめている。少女の名前はフィオナ。
　アイルランド北西部。海岸の近くに祖父母といとこのイーモンが住んでいる。おじいちゃんが先祖のことを話してくれる。
　窓からかすかに見える島ローン・イニシュに住んでいた。先祖のショーンはイングランドに支配されていることに反抗した。船が遭難したときショーンだけが助かった。
　その夜、フィオナは今は無人島となっているローン・イニシュに光を見る。
　翌日、おじいちゃんが船にタールを塗っているところに、フィオナはお茶を届けに行く。はだしだ。
　「フィオナの母親が病死したのをきっかけに、一族はローン・イニシュを離れた。引っ越しの日、カモメの群れが皆を襲い、弟のジェミーを乗せたゆりかごが海に流された」とおじいちゃんが話す。
　イーモンも「ジェミーを見た人がいる。ゆりかごに船長のように乗っていて、カモメが舞って、アザラシが守っている」と話す。
　3人でローン・イニシュに行くことになった。2人が魚を獲るしかけを上げに行っている間、フィオナが崩れかかった家の中に入ると、火打石、新しい燃えかす、貝がある。砂浜には人の足跡もある。ジェミーがいるのだろうか。
　おばあちゃんと買い物に行ったフィオナに、魚をさばいている黒い髪の男タッドが先祖の話をしてくれる。タッドは嫌われ者だ。「孤独な青年リアムはある日、アザラシが皮を脱いで若い女になるのを見る。妖精セルキーだ。皮を盗んだリアムはセルキーと結婚した」とタッドは話す。
　タッドはフィオナのことを怖がらない少女だという。
　フィオナは弟のジェミーは生きていると確信するようになる。

3 文化に出会う

 アイルランドはイングランドからの独立戦争、内戦という歴史を持つ。一方、ケルト文化が残る土地でもある。

　この作品にはイングランドの支配の苛酷さも描かれている。アイルランド語を話していたショーンという先祖は首枷をはめられ、嘲笑され、教師をなぐってしまう。最後にはイングランドで投獄され殺されてしまう。『ライアンの娘』(デヴィッド・リーン監督、イギリス)、『麦の穂をゆらす風』(ケン・ローチ監督、アイルランド・イギリス)もイングランドの支配をテーマにした映画だ。

　でも、言葉まで奪うのはイングランドだけではない。日本も、沖縄で、朝鮮で、台湾でやっている。アイヌに対してもそうだ。

　主題はケルト文化のセルキー伝説である。アザラシのセルキーは人間の若者と結婚し、子をもうけるが、皮を見つけるとすぐアザラシに戻り、海にもどってしまう。が、若者の一族を守り続ける。島にもどってきたフィオナをアザラシが見つめるのも、ジェミーを守るのも、セルキーのおかげである。アザラシが皮を脱ぐシーンは幻想的だ。

　日本の羽衣伝説とも通じるし、小泉八雲の「雪女」にも通じていそうだ。

　セルキーを演じるスーザン・リンチは、タッド役のジョン・リンチの妹だそうだ。フィオナ役のジェニ・コートニーは、ベルファスト生まれで当時10歳、1000人の応募者の中から選ばれたという。神秘的な瞳の少女だ。

　音楽はメイソン・ダーリング。ジョン・セイルズとパートナーを長い間組んでいる。

　撮影のハスケル・ウェクスラーのカメラワークも美しく、神秘的なシーンをうまく撮っている。

　原作はロザリー・K・フライ。日本語版『フィオナの海』(集英社)がある。

クジラの島の少女

勇者はクジラの背に乗ってやって来た。
勇者の名をつけてもらった少女は……。

ニキ・カーロ監督作品
2003年　ニュージーランド　日本公開2003年　102分

物語

　「その昔、ここは果てしない無人の大地だった。大地は待っていた。人々が住みついて、そこを愛する者が人々を導くことを。その男はクジラに乗って来た。新しい民族を率いる男、その男こそ私たちの先祖、パイケア」と女の子が語る。「私の誕生は祝福されなかった。双子の弟は死んだ。長男を待っていたのに」。女の子の名前はパイケア。

　族長のコロは、息子のポロランギが族長を継ぐ気がないので、孫に期待していた。なのに、男の子は死産、母親も死んでしまい、女の子が生まれてきたことが気に入らない。ポロに慰めの言葉をかけもせず、「次を」と無神経に言う。「次」とは、再婚して、男の子を生めという意味だ。女の子に伝説の勇者「パイケア」という名前をつけたことも気に入らない。コロと衝突したポロは外国に行ってしまう。

　それでも、孫は孫だからコロはパイをかわいがる。パイもおじいちゃんに素直に甘える。

　パイが12歳になり、学校で民族の歌と踊りの発表会がある。ポロも帰って来て、おじさん達も来る。一家団欒となるはずが、ポロにはドイツに恋人がいて、妊娠していることがわかり、コロはまた怒り、パイのことを「あんな娘」と言ってしまう。

　傷ついたパイを慰めようと出てきたポロは、作りかけのまま放置されていたワカ（大型のカヌー）の上で「コロは、指導者であり予言者を自分に求めていたのに、二度も裏切った」と泣く。パイも泣く。

　村では12歳になる男の子に伝統芸の特訓をする。パイのおばあちゃんが歓迎の歌を歌うと、客人として応えて歌うのはパイ。大きな歌声が響く。が、式が始まると、コロは「女は後ろだ」と言う。

　パイは伝統芸や武術を身につけたい。おばあちゃんだけが「あなたには気高い血が流れている」となぐさめてくれる。

106

3 文化に出会う

解説

　ニュージーランドの先住民族マオリ族の伝説と伝統を横糸として、女は「第２の性」なのかと現代的な問題を縦糸とした作品。

　マオリ族はその昔、ハワイキからカヌーの船団に乗ってやって来たと、伝説にはある。12世紀頃に、ポリネシアのクック諸島から移住してきたらしい、ハワイキとはタヒチ島らしいと言われている。

　パイケアはクジラの背に乗って現れたといわれている（この映画の原題は『Whale Rider』）。

　族長のコロは伝統を重んじるあまり、現実が理解できない。男の子たちの勇気を試すために、沖合に出て、クジラの歯の首飾りを海に投げて、見つけてこいと言うのだけど、船は伝統的なワカではなく、モーターボート。次男のヘミは棒術の名人なのだけど、次男だからとリーダーにはしない（そのヘミはパイに棒術を教えてくれる）。

　後継者がいないことに気づいたコロは、魂が消えたように弱々しくなっていく。

　一方、パイは学芸会の日、民族衣装を着て化粧をしてスピーチする。「私は予言者ではないが、明るい光が見える。みんなで力を合わせれば、未来を築ける」。

　パイを傷つけたコロは学芸会には来ない。が、海岸に打ち上げられたクジラの群れを見つける。クジラは守り神である。皆で、救助しようとする。

　コロはパイのリーダー性と勇気に気づいていたのかどうか、観る人によって意見が分かれる。

　監督のニキ・カーロも、パイケア役のケイシャ・キャッスル＝ヒューズも、コロ役のラウィリ・パラテーン、ポロランギ役のクリフ・カーティスも、ニュージーランド生まれのマオリ人。

　ニュージーランドは、もともとは「アオテアロア（白い雲のたなびく国）」と呼ばれていたという。ラスト、空には白い雲が湧いていた。

107

サラーム・ボンベイ！

クリシュナは母親あての手紙を
出したいのだけど、
村の名前もわからない。

ミーラー・ナーイル監督作品
1988年　インド、イギリス、フランス、アメリカ　日本公開1990年　113分

物語

　サーカス団から置き去りにされた少年クリシュナは、ボンベイに行く。ボンベイには同じような子どもがたくさんいる。家はないから路上で寝ている。
　クリシュナはチャーイ売りのアルバイトを見つける。麻薬売りのチラクはあたりのストリート・チルドレンのボスだ。チラクはバーバーの手下で、バーバーは売春婦のヒモで女衒（女性を売買する）をしている。
　チラクはアメリカ人観光客にヤクを高く売りつけて、ボロもうけをする。そんなチラクにクリシュナは家出をした理由を話す。兄の金を盗んだと疑われ、頭に来て、兄が修理に預かっていたオートバイに火を付けた。オートバイ代500ルピーを貯めたら家に帰るという。
　クリシュナは売春宿に売られてきたネパール娘に恋をする。彼女を逃がそうとして宿のベッドに火を付けて、リンチされそうになる。その宿はチャーイ屋の得意先だからアルバイトもクビになる。
　路上に店を出している代書屋に、母親あての手紙を書いてもらおうとクリシュナは頼むのだけど、じつは村の名前も知らないのだった。代書屋は金を受け取っておきながら「どうせ届きはしない」と手紙を破いてしまう。
　結婚式場のボーイの仕事を始めたクリシュナは、ある夜、仕事帰りに警察官に呼び止められ、少年院に送られてしまう。
　少年院からもどってみると、ネパール娘は女衒のバーバーに言い含められ、すっかり娼婦になってしまっていた。チラクはヤクを売っていたことがバレて、ボスのバーバーから縁を切られ、収入がなくなり、自分もヤク中毒になり、死んでいた。クリシュナが壊れたレンガ塀に隠しておいた金はなくなっていた。金の隠し場所はチラクにだけ教えておいたのだった。

解説

　サラームとは「こんにちは」という意味だそうだ。

　ボンベイはインドの港湾都市で、人口は1千万人ほど。美しい都市だといわれている。その美しい大都市に、職を求めて人が移住してくる。粗末な小屋が集まり、スラムができる。子どもたちも集まってくる。子どもたちは小屋も建てられないから、野宿をする。いわゆるストリート・チルドレンだ。

　クリシュナは字が読めない。計算もほとんどできない。駅で切符を買うシーンがある。小銭を駅員に渡し、切符を受け取ってから「どこ行きか」と問うほどである。ストリート・チルドレンは1人では暮らせないから、グループを作る。クリシュナが入ったグループの面々はおもしろいキャラクターが多い。けっこうたくましく「自由」を楽しんでいるようだ。映画館でスクリーンのスターに合わせて歌ったり踊ったりして、他の客に怒られたりすることもおもしろいのだろう。

　クリシュナをかわいがってくれるのは売春婦のレーカー。レーカーの娘マンジュは母が客を取っている間、外に出される。マンジュは窓ガラスに爪を立てる。抗議しているのだ。クリシュナが代書屋に書いてもらった手紙を、代書屋が破り捨ててしまうシーンがある。クリシュナは村には帰れないと、監督は暗示しているのだろうか。

　このスラムには「子どもを保護しよう」という意識はなさそうだ。でも「子どものくせに」といった軽視もないし制限もないようだ。子どもといった認識もないし、人権といった意識もないようだ。生まれてきたから生きていく、生きられなくなったら死んでいく。チラクという名前も、クリシュナという名前も意味を持たない世界なのだ。こういう現実もあることを日本のみなさんにも知ってほしいと思う。映画のクレジット・タイトルにクリシュナ（シャフィーク・サイイド）と主な役どころの名前が出るが、みんなの紹介は"ピープル・オン・ザ・ロード"とある。

　この映画に出演しているチルドレンは現場で選んだそうだ。55日間、55か所でロケしたという。「でも、そんなの平気。勇気なくして栄誉なし」と言う、監督のメッセージが最後にある。

サーミの血

少女は差別を受けるサーミ人をやめてしまう。
が幸せになれたのか。

アマンダ・シェーネル監督作品
2016年　スウェーデン・ノルウェー・デンマーク
日本公開2017年　108分

　　　妹の葬式に向かう老女。車を運転しているのは息子。孫娘もいっしょだ。息子は母の生まれ故郷の音楽をかける。が、母は機嫌が悪い。「あの人たちは物取りだし、うそつき」とののしる。
　教会についても老女は親戚にあいさつもせず、妹の棺にも近寄らずにすぐ外に出てしまう。息子と孫娘はおばの家に泊めてもらうというのに、自分はホテルに泊まる。
　翌朝、息子と孫娘は親族といっしょにトナカイにマーキングを付けに行こうと老女を誘うが、彼女は拒む。
　ホテルのバーのにぎやかさの中で、彼女は若かった頃のことを回想する。
　エレ・マリャ（レーネ＝セシリア・スパルロク）は、スウェーデン北部のラップランドでトナカイの放牧を営むサーミの娘だ。サーミの子どもたちは寄宿学校に"収容"される。そこでは民族衣装を着させられるが、サーミ語で話すとムチでたたかれる。近所の人たちは露骨に侮蔑の目を向け、口汚くののしる。
　学校にやって来た"客"は、エレ・マリャたちの頭のサイズを測り、鼻の高さを測り、あげくは全裸写真を撮る。
　ある日、エレ・マリャはダンス・パーティーにもぐりこむ。そこでスウェーデン人の青年と知り合い、名前を聞かれ、とっさに"クリスティーナ"と名乗ってしまう。
　エレ・マリャは教師に、進学したいから推選状を書いてほしいと言う。が、教師は「あなたたちの脳は文明についていけない」と、民族差別を口にする。
　エレ・マリャは学校を脱け出し、列車に乗り、あこがれの都会に行く。学校にもぐりこみ、スウェーデン人として生きることにしたのだ。
　当然のことだが、学校は授業料の納付を求める。エレ・マリャは母親と妹のところに無心に行くのだが、そこにも金はない。

トナカイというとサンタクロースが浮かぶ。が、トナカイを飼っている遊牧民族サーミのことを知っている人はあまりいない。

私は小学校教員をしていたとき、『脅威』(ステファン・ジャール監督、スウェーデン)という映画を授業で子どもたちと観た。チェルノブイリ原発爆発の放射能が北ヨーロッパまで飛散し、山岳の苔が汚染された。その苔を食べたトナカイが汚染された。トナカイは殺処分になる。サーミの人たちの生活が脅かされるという内容だった。サーミの人たちは北欧三国からロシアにかけて遊牧をしていること、トナカイの耳を切り、自分のトナカイとマーキングすることをその映画で知ったのだけど、サーミの人たちがひどい差別を受けていることは知らなかった。

だから、この映画の冒頭で老女が妹の葬式に行くのをいやがり、親族のことを差別的にののしるのにびっくりした。サーミの人が同じサーミの人を差別している。なぜだろう。

ホテルに泊った老女は、朝食の席で宿泊者たちが「あの人たちが今日もオートバイで集っている。うるさいね、あの人たちは自然派ではなかったの」などと話しているのを聞く。「あの人たち」と言われたくないからと故郷を捨て、スウェーデン人になった自分は幸せになれたのか。自分のアイデンティティはなんだったのか。

1930年代のスウェーデンが舞台。わずか90年前のことだ。文化的な国と思われているスウェーデンでこんなことがあったのかと唖然とするが、他人事ではない。日本はアイヌに対し、沖縄の人、台湾の人、中国の人、朝鮮の人たちに対し、民族差別をして来たのだ。

この映画の監督アマンダ・シェーネルの父親はサーミ人。老女役のマイ＝ドリス・リンピもサーミ人。トナカイを飼育しているそうだ。主演のレーネ＝セシリア・スパルロクもサーミ人。映画は初出演でノルウェーでトナカイを飼育。南サーミ語が話せる。妹役のミーア＝エリーカ・スパルロクはレーネ＝セシアル・スパルロクの実の妹だ。

セデック・バレ

霧社事件は反乱なのか蜂起なのか、
荒ぶる魂に共感する。

ウェイ・ダーション監督作品
2011年　台湾　日本公開2013年（R15指定）
第1部：太陽旗144分　第2部：虹の橋132分　計276分

　　　山奥の谷間での狩り。男たちはすごい勢いで獲物を追うのだが、他の集団の領分に入ってしまったようで、争いになる。ある若者はまたたく間に相手の集団の首を2つ狩ってしまう。若者はセデック族マヘボ社のリーダーの子モーナ・ルダオ。
　若者の母親は"セデック・バレ（真の男）"になったことを祝って、彼の額と下顎に墨を入れる。
　日清戦争で勝利した日本が、台湾を手に入れ植民地にする。1895年には台湾総督府が設置される。セデックの地にも日本軍が入って来る。日本軍は首狩りなど民族の風習を禁止し、学校を作り、公民化教育をし、日本の生活様式を強制する。セデックの誇りと怒りは内に秘められる。これが伏線となる。
　1930年10月27日。「日本人と闘えば我らは全滅する」ことを覚悟で、モーナ・ルダオは"虹の橋"を渡る。小学校で開かれる合同運動会を襲撃するのだ。
　この情報を得たセデック族でありながら、師範学校を卒業し、警察官となっていた花岡一郎と二郎（本当の兄弟ではない）は、「日本人である私はどっちを応援する」「天皇の赤子かセデックの子か」と苦悩する。
　襲撃を知った日本政府は陸軍少将鎌田を送りこみ、鎮圧作戦を始める。が、モーナ・ルダオたちの戦意と作戦にたじたじになる。しかし、機関銃、大砲、飛行機、毒ガスを持つ日本軍と、鉄砲、槍、弓、山刀しか持たないセデックである。おまけに"お味方セデック"も出てくる。蜂起軍は次第に追いつめられていく。女たちは集団自決をする。
　敗れたモーナ・ルダオは一人森の中に入っていく。
　鎮圧に成功した鎌田少将は「百年前に失った武士道を見たのか」とつぶやく。
　4年後、遺骨と武器が洞窟で発見され、展示されるが、何者かが持ち去り、39年後再発見された。

解説

　ポスターに惹かれた。山奥の森の中に怒った若者が右腕をすっきりと真横に伸ばしている。男の額と顎には垂直に入れ墨が彫ってある。コピーは「荒ぶる魂が木霊する」だ。一瞬、福島原発の爆発でふるさとの飯舘村を捨てさせられてしまった酪農家の長谷川健一を思い浮かべた。ポスターの下のほうには「1930年10月27日。台湾の山深き村で起きた事件」とある。

　「霧社事件」なのだ。高校生の日本史だか、世界史の授業で「台湾の高地民族が起こした反乱ですぐ鎮圧された」と教えられたことがあった。

　また、なにかの本で「高地民族は高砂族と呼ばれ、彼らは敵の首刈りをする。首をたくさん刈った者が勇者とされ、勇者は好きな女に首をプレゼントする」と読んだことがある。首刈りに行くことを"出草"ということも聞いた。だから「霧社事件とは、台湾の未開の野蛮人である生番が、日本人学校を襲って女子どもを無差別に殺した事件」と思いこんでいた。

　だから、この作品を観てとても驚いた。首狩りを野蛮というが、民族によっては宗教的な意味があるのかもしれないし、人口増加を防ぐ手法なのかもしれない。それに日本史の中にも斬首のことはいくらでも出てくる。日中戦争のとき、百人斬り千人斬りを競った軍人がいたことも聞いている。

　映画を観たあと、私は近くの図書館で霧社事件に関する本を調べた。映画『セデック・バレ』は史実をきちんと描いていることがわかった。早乙女勝元編『台湾からの手紙　霧社事件・サヨンの旅から』（草の根出版会、1996年）には、モーナ・ルダオの写真、花岡二郎の妻だったオビン・タダオさんのインタビューが収められている。『サヨンの鐘』（台湾総督府・満洲映画協会・松竹合作映画、1943年）は皇民化教育の宣伝映画だったことも明らかにされている。

　霧社蜂起の翌年、1931年には満州事変が起きている。日本のアジアへの侵略が始まっていく。

鳥の道を越えて

渡り鳥の通り道にカスミ網を張って、
鳥を捕まえる知恵と技術と村人の暮らし。

今井友樹監督作品
2014年　日本　93分

ドキュメンタリー

　この作品を作るきっかけを与えてくれたのは祖父の今井照夫さんだと監督は言う。テロップには88歳とある。山を指して、「鳥の鳴き声から違ってくるわ、そうしとると鳥屋の主人はすぐ木に登って、そこの小屋の中から、そこが山を抜けて行く道やな、鳥の通り道やな」と語る。

　場所は岐阜県加茂郡東白川村。いわゆる東濃（美濃東部）の山村である。今井照夫さんは鳥屋場のことをうれしそうに話す。鳥屋は「とや」と言うようだ。テロップには年齢が80歳とある。この映画は8年間かけて作られたのだ。村の人たちもみんな懐かしそうに話してくれる。「日曜になると家で10銭もらって、にぎり飯もって、買って焼いてもらって、山のひらで食うのが」「ヒワの大きな群れに出会ったときがね、本当に地響きするぐらいの音で、ポインターがくぼみに伏せてしまってね」

　今井房雄さんの撮った花鶏（あとり）の群れの写真を見て、つれ合いの豊子さんは「柿がなっとるかと思った」と話す。もちろん監督自身は見たことがない。

　そこで監督は勉強する。冬鳥の渡ってくるルート、カスミ網猟、カスミ網猟禁止。そして、1935（昭和10）年に各地のカスミ網猟のようすをくわしく調べた写真家堀内讃位（ほりうちさんみ）の写真集『日本伝統狩猟法』（出版科学総合研究所）を見つける。

　東白川村での勉強会も開く。取材した映像を観てもらい、村の人の話を聞こうというわけだ。ゲストは民族文化映像研究所所長の姫田忠義さん。今井監督の師匠でもある。参加者の1人は「麹漬けを、焼き鳥にして食うんです。それは本当にうんとおいしい」と話す。どんな味なのだろう。

3 文化に出会う

　参加していた安江照平さんは鳥屋の仕事を手伝っていたと言う。村の人たちの話も合わせて、監督は23か所の鳥屋場が旧村境にあったことを知る。
　そして、山に詳しく、鳥屋の手伝いをしたこともある栗本重秋さんに案内されて、監督は山に入る。2人は鳥屋小屋の跡を見つける。壊れた小屋。ここに泊まって、朝3時頃から仕事を始めたという。
　どこに鳥屋を作るか、どこに網をかけるか。網を張るだけでは鳥はかからない。知恵と技が必要だ。自分のところで飼っていた鳥を囮として網の近くに置くと、そのさえずりに呼ばれて鳥の群れが降りてくる。モズやタカのような猛禽類を恐がる小鳥の習性を使って、旗振り場の櫓の上で白い旗を振って小鳥の群れを下に降ろす。長い年月の中で考え出されたのだろう。
　今井監督はカスミ網猟が今も調査で使われていると知り、千葉県我孫子市の山階鳥類研究所を訪ねる。副所長の尾崎さんは「鳥を安全に捕獲する方法としては非常にカスミ網というのは有効な方法」だと言う。カスミ網を使った鳥は標識調査を日本だけでなく国外でも行っていて、カスミ網はミストミットと呼ばれていることを説明してくれる。
　今井監督はさらに福井県敦賀湾の織田山ステーションという現場に向かう。昔、鳥屋場のあったところで、カスミ網を使っているという。いきなり網を張るのではなく、網道の整備をする、鳥が入るポケットができるように棚幅を工夫するなど、ここでも知恵と技がいる。映像は織田山ステーションの網にかかった渡り鳥を写す。かかる瞬間も撮る。
　津軽海峡を渡って本州に向かうヒヨドリを観るために、今井監督は北海道松前町にも行く。監督自身が渡り鳥のようである。
　囮の飼い方、鳥屋と鳥の道の関係、東濃地方でなぜ鳥猟が盛んだったのか、密猟のこと、そして棒の先に三角形の網をつけたものを空に投げ上げ、カモを捕らえる坂網猟のことも今井監督は調べていく。
　「鳥のいのちを通して、自然をどう捕らえ直していくべきなのか、そういう問いの中で、ぼくたちは生きているのかもしれません」と結ぶ。
　2018年には『坂網猟──人と自然の付き合い方を考える』を製作している。

ある精肉店のはなし

生命をまっとうした牛たち。

纐纈(はなぶさ)あや監督作品
2013年　日本　108分

　町の中を人が牛を連れて歩いている。でっかい牛だから犬の散歩とは違う。車があわてて止まる。牛の行き先はと畜場だ。
　と畜場ではハンマーで牛の眉間(みけん)を一撃する。すぐ解体作業だ。これが力仕事だ。息が合わないと危ない。皮をはぐ。吊した牛をチェインソーで二つに割る。内臓を洗う。半身を店に運ぶ。半身といっても250kgもある。巨大な半身をクレーンで吊すのを学校帰りの子どもたちが見て、歓声を上げる。
　半身は冷蔵室で1週間ほどねかせるそうだ。
　大阪府貝塚市にある北出精肉店は江戸末期から100年も続く老舗で、当主の新司さんは7代目だという。つれあいの静子さん、次男の昭さん、長女の澄子さん、母親の二三子さんと一家5人で仕事をしている。牛を飼い、と畜し、精肉にする。肉は店で売る。
　車での移動販売もする。このシーンがおもしろい。おしゃべりを楽しんで買った肉を忘れていきそうな客。財布を忘れてきた客。肉も楽しみだけど、ふれあいが大事だ。
　貝塚市立と畜場は明治末期に設立されたそうだ。今ではと畜場が統廃合され、ここを使っているのは北出精肉店だけになってしまった。新司さんは分業化されると、小さい店はつぶれてしまうという。
　消費者はブラック・ボックスから出てくる肉を買うだけになってしまう。どこでどんな餌を食べた牛か知りようもない。草食動物なのにトウモロコシなどの濃厚飼料や骨粉を食べさせられた牛、運動させてもらえない牛と知ったら食べたくなくなる。その牛がどこでと畜され、どのように精肉されたの

かを知らなければ、感謝の気持ちも持ちようがない。

　牛の飼育をやめた飼育場で、昭さんは太鼓づくりを本格的に始める。牛の皮を糠入りの水に1か月も漬け、毛をそぎ、塩をまんべんなくすりこむ。できあがった皮の品調べには、昭さんの師匠格の人が来てくれる。この皮で太鼓の張り替えをする。

　古い太鼓の皮をはずすと、胴の内側には覚え書きがある。それで300年前からのものだとわかる。昭さんも屋号の「嶋村」を書き付ける。

　嶋村とは、北出精肉店のある地区（今は東という）の旧称だそうだ。被差別部落である。

　新司さんたちの父親は学校で「東の子」と言われ、怒って教師の腕に噛みつき、そのまま学校には行かなくなったという。

　東に対するなにか妙な雰囲気が何であるのかを知らなかった新司さんは、「水平社宣言」を読んだとき、自分の体験と部落差別がつながったと語る。そして、解放運動につき進む。「殺す仕事はすごいでしょうと言われるが、ぼくから言わせるとそのお肉を食べてるあなたたちのほうがすごい」と、新司さんは穏やかな表情で話す。「自分の生きる姿勢が変わってくる」と言う。

　東祭りが近付く。提灯を吊り、やぐらを組む。ここの盆踊りは、昔は三日三晩踊ったそうだ。今でも、皆は仮装して踊る。静子さんは「赤毛のアン」になる。ピエロになる人もいる。昭さんはやぐらの上で音頭取りをしている。だが、東祭りには太鼓はたたかないという。ここにも差別の影がある。

　岸和田といえば、だんじり祭である。「東のが一番」と胸を張る人たちは、だんじりを曳く練習をする。昭さんの太鼓の張り替えも大詰めになる。

　だんじり祭をカメラが撮っている。突っ走るだんじりをよくぞ撮っている。祭りのエネルギーがスクリーンにあふれている。

　年の瀬、北出精肉店では子どもたちもみんなで仕事をする。そのあい間におせちも作る。おまけに、静子さんの誕生日だ。14、5人での年越し。にぎやかで、うらやましい。

　生命をまっとうした牛たち。ひるがえって原発爆発で殺処分されたり、畜舎で餓死し、いのししに喰い荒らされた牛のことを、私たちは忘れてはいけない。

　纐纈監督は『祝の島』(ほうり)(2010年)に続けての作品である。

　本橋成一写真集『屠場』(とば)（平凡社　2011年）も参考になる。

おじいちゃんの里帰り

移民はきらわれている。
だけど、経済基盤を作ったのは彼らだ。
笑えるけど、深い作品だ。

ヤセミン・サムデレリ監督作品
2011年　ドイツ　日本公開2013年　101分

物語

　　　　家族の集合写真が何葉か写る。
　テレビのニュース解説の映像。「1950年代は南欧から労働者を受入れていた。1960年代はトルコから」とアナウンサーが話す。「1964年9月10日には100万人目のゲスト労働者を迎える」。入国審査を待つ列で順番をゆずったのが、フセイン・イルマズ（ヴェダット・エリンチン）。フセインは100万1人目の入国者になってしまう。

　それから45年。話すのは、孫のチャナン、22歳。父母にはイギリス人の恋人がいること、妊娠したことを隠している。これがチャナンの悩み。チャナンのいとこのチェンクは6歳の小学生。学校のサッカーでドイツチーム対トルコチームに分かれて試合をしたとき、「偽トルコ人」と言われ、自分はトルコ人なのか、ドイツ人なのかと悩んでいる。

　おじいちゃん夫婦がドイツ国籍を取ったお祝いに一族9人が集まる。この席で、フセインは故郷のアナトリアに家を買ったと発表。家の修理のため、みんなで里帰りしようと言う。おどろくみんな。

　チャナンはチェンクに、おじいちゃんが恋をして村長の娘ファトマをさらって結婚したこと、子どももできたが生活は苦しい、そこでおじいちゃんがドイツに出稼ぎに行ったことを話す。やがてフセインは妻子もドイツに連れて行く。

　妻子にとってはおどろくことばかりだ。男がひげをはやしていない、ダックスフントを見てデカいネズミだと思ったり、トイレが椅子式なのにとまどったりする。買い物に行って身ぶり手ぶりでパンをたのむとソーセージを出されたりする。

　里帰りの直前、ドイツのメルケル首相から100万1人目のゲスト労働者であるフセインに招待状が届く。フセインはトルコの床屋でチェンクと踊りだす。孫娘のチャナンが妊娠していることにも気づいている。

解説

　ヨーロッパではこの十年来、失業率が高まるにつれ、外国人排除の動きが強まっている。そこにテロの問題が重なる。アフリカから難民も押し寄せる。

　この状況下で、トルコ系ドイツ人二世のヤセミン・サムデレリと実妹のネスリンが発表したこの作品はタイムリーだし、相互に理解と寛容が必要なことを示唆する。

　戦後、経済成長が著しい西ドイツは外国人労働者がほしい。が、東ヨーロッパの共産圏からは来てほしくない。そこでトルコなどに誘いをかける（映画の中ではイヌイットの人がどうしようかと相談しているシーンがある）。トルコの東南部アナトリアから、フセイン・イルマズは一家の生活費のために単身ドイツに出かける。

　言語の壁、生活習慣の違い、宗教の問題、そして民族差別があっただろうが、この作品ではフセイン・イルマズ自身の体験は描いていないようだ。

　孫娘チャナンを語り手とすることで、作品全体を明るく、ユーモラスにしているのだが、そのチャナンの恋人がイギリス人と聞いたフセインが、「せめてドイツ人なら」とグチるあたりに民族意識が出ている。フセインが妻ファトマをさらったときには妊娠２か月だった、とチャナンは話す。厳格なイスラム教徒なのにと笑ってしまう。

　トルコに入ってからの風景はのどかで、美しい。小麦発祥の黄金の三角地帯である。オリーブの林もいい。資本主義、経済優先主義がもっと控え目なら、この地域も豊かさを保っていただろうにと思う。

　おじいちゃんは旅の途中で亡くなってしまう。

　「おじいちゃんはどこへ行ったの」と聞くチェンクに、父のアリは自分の胸をたたき、チェンクの胸をたたき「ここだよ」と言い、「人生は水の循環と同じだよ」と説く。イスラムの考えか、キリスト教か。宗教を超えての真理で納得できる説明だ。

千年の一滴 だし しょうゆ

山海の珍味とはだし、しょうゆ、
みそ、酒なのだと納得。

柴田昌平監督作品
2014年　日本・フランス　日本公開2015年　100分

　だし、しょうゆという、私たちの食事に欠かせないものの造られてくるプロセスにカメラを向けた作品。

　第一章「だし：大自然のエッセンス」、第二章「しょうゆ：ミクロの世界との対話」に分かれている。

　「だし」の語りは木村多江。ゆっくりと明確に説明している。

　最初に「だしは引く」という定義がある。「とる」とか「だす」ではないようだ。京都の料亭の主人は「目で味見をする」と言う。色でわかると言う。

　その昆布だが、北海道知床半島の冬、流氷から始まる。流氷がプランクトンを生みだす。プランクトンを昆布が食べる。ウニが昆布を食べる。食物連鎖が起きている。

　浜に番小屋を建てて1人暮らしている、90歳の藤本ユリさんは昆布拾いをしている。ヒグマが来ると「オレだって、おっかねぇ（強い）ぞってにらめつける」そうだ。実際、出てきたヒグマはにらまれて困っている。

　16人が毒殺された帝銀事件（48年1月）の犯人とされ、逮捕され、死刑判決を受けたが処刑されず、1987年に95歳で獄死した画家平沢貞通のテンペラ画に、「昆布乾すアイヌ」がある。『平沢貞通画集』（アオイ・コーポレーション　1992年）に収録されている。機会があったら見てほしい。平沢もこの風物詩を見ていたのだ。

　昆布は獲って干すだけではなく、乾燥させてからもう一度、夜露に当てることで独特の臭みを消すそうである。

　昆布と合わせるかつお節も、さばいてから1か月ほどカシの木の煙でいぶ

し、室に入れてカビが寄って来るのを待ち、さらに天日で干す。タイミングはさわって確かめ、たたいて音で判断するという。

味覚を触覚や聴覚、視覚で確かめるというわけだ。

宮崎県の山奥に暮らす椎葉クニ子さんも90歳だが、焼き畑農業を今でもしている。椎葉さんはシイタケを育てるのに適した木に耳を当て、判断するという。

曹洞宗大本山總持寺の修行僧は「おなかがすきすぎて眠れないときもある。道にはえている草でも食べようかなと思ったこともある」と笑わせてくれる。

科学的なドキュメンタリーというと、観るほうも固くなりがちだが、柴田昌平は一服できるシーンをところどころに入れていて、それがだしになっている。

「しょうゆ」編の語り手は奥貫薫。この人もすがすがしい声で聞きやすい。

「枯れ木に花を咲かせましょう」と歌いながら、蒸した大豆にカビをまいているのは、創業130年以上になる醬油店の五代目主人。カビはアスペルギルス・オリゼという種麹。1週間後には麹ができる。麹と塩水をまぜて1年間発酵させると、醬油ができる。

この種麹は実った稲の穂にもついている。稲霊といわれるものだ。杜氏の大野考俊さんは稲霊を集めて日本酒を作っている。蒸した米にオリゼをかけて麹をつくる。

このカビを専門的に扱う商売が800年ほど前にあらわれた。種麹屋、あるいは「もやし屋」といわれる。今、日本にはおよそ10軒がある。そこから日本中の酒蔵、醬油屋、味噌屋に届けられる。

このオリゼの作り方は一子相伝。柴田監督はその秘伝の製法を映像に収める。よく撮らせてもらえたと感心してしまう。柴田監督の人柄のおかげなのだろう。

6月、醬油蔵の桶からブクブクと音が聴こえる。発酵の音だ。澤井久晃さんは、築130年の蔵には酵母や乳酸菌が暮らしていて、「建て替えると、味を決めてくれる菌がいなくなってしまう」と言う。3.11の東北大津波のとき、流された樽を回収した酒造メーカーの人たちが、「酵母菌がついているから」と話していたことを私は思いだした。

麹のことを知っていたが、そのもとになる種麹のことを私は知らなかった。オリゼを見つけ、何百年も守り続けている人たちのことも知らなかった。

明朝はいいだしを引いて、おいしい味噌汁を作ろう。

ニーゼと光のアトリエ

精神を患う人たちへの差別と偏見。
あつい扉を開いたニーゼ。

ホベルト・ベリネール監督作品
2015年　ブラジル　2016年日本公開　109分

　　　　女性がドアをたたく。反応がないので女性は力をこめてたたき続ける。1943年。女性医師ニーゼは精神科の病院に赴任する。病院では電気ショック療法を受けている患者が絶叫して、けいれんを起こしている。ニーゼは暴力的な治療を断る。そのため、ニーゼは物置のような部屋に患者を閉じこめたままにしているところに行かされる。

　部屋では患者が勝手なことをしている。ベッドに寝たままの人、うろつく人、ぶつぶつ言っている人。自分の糞で壁に絵を描く人。汚した服のまま放ったらかされている人。

　ニーゼは部屋を片付ける。看護人に「どなったり、暴力をふるったりしないように」と指示する。

　が、ニーゼに「悪魔」と襲いかかってくる患者のことを、男性看護師は「ケダモノ」と言い、「病院の外に出したら人を殺す」と言う。ニーゼは看護師に患者を「クライアント」と呼ぶようにさせる。

　ニーゼがゴミを焼却炉に持っていくと、1人が炉から何かを拾っている。植物のタネだと言う。

　ニーゼは同僚の提案を受け、部屋をアトリエにして、患者たちが自由に絵を描けるようにする。

　家では夫がフランス語訳のユングの本をプレゼントしてくれる。「精神も自分で本来の姿にもどろうとする」とユングは書いている。

　ニーゼは患者に好きな服を選ばせ、森にピクニックに出かける。患者たちはみんなうれしそうだ。

　患者たちの絵の展覧会は大成功で、有名な美術評論家もほめてくれる。

　ニーゼは患者たちに犬を飼わせる。患者たちは愛情を持って世話をする。

　が、ある日、犬がみな殺されてしまう。患者たちは怒って看護人を襲ってしまう。

解説

　精神分裂病は昔は不治の病とされていた。気違い、廃人と呼ばれ、社会生活ができない人たち、何をするかわからないと思われてきた。病院では格子窓付きの部屋に閉じこめ、病状によっては拘束衣を着させたりした。

　治療はいわゆる薬漬けで、動作をにぶくさせたり、感情を出させないようにしたり、眠るばかりにさせていた。

　拷問のような電気ショック療法も行われていたし、脳の前頭葉白質を壊して、感情を持てないようにするロボトミーという手術もあった。映画の中で「アイスピック1本で」と言っているのはロボトミーのことだ。

　入院も治療法も本人の承諾を得ずにしてしまうことが、それこそ恐い。

　日本の精神科治療方法は50年前と同じだと言われているが、それでも、開放型病院も出てきたし、薬を減らす医師もいる。

　アート療法、動物セラピーを採り入れているところもある。

　が、1940年代にブラジルで1人の医師が、アート療法、動物セラピー、開放型治療を行っていたとは、不勉強な私は知らなかった。ニーゼのやり方に反対する医師は多かったろうし、妨害する医師もいただろう。

　そんなニーゼを支えたのは、ユングの著書だったようだ。ニーゼがユング理論に感謝する手紙と患者の絵を送ると、ユングからはニーゼの成果を評価する手紙が来る。夫婦で喜ぶ姿がほほえましい。

　展覧会で患者たちの絵を賛美した美術評論家もニーゼを励ます。「科学が味方じゃないなら、芸術で世界を動かそう」と彼は言う。

　最初のシーンでニーゼがドアをたたき続けたのは、こういうことだったのかと、監督の演出が観終わってからわかった。

　イタリアでは、精神病院は1978年に廃止された。バザーリアという医師が中心になり「強制的及び自発的な治療と診断に関する法」が成立したのだ。日本でも精神分裂病を統合失調症と呼ぶようになった。が、精神科病床は約32万もあるといわれている。差別と偏見を失くしたい。

もうろうをいきる

目が見えない。耳が聴こえない。
三重苦の中でも人は輝いている。

西原孝至監督作品
2017年　日本　91分

ドキュメンタリー

　耳が聴こえない、話せない、目が見えない、いわゆる三重苦の人というとヘレン・ケラーの名前がすぐ浮かぶ。サリヴァン先生との出会いなど、感動的な場面がたくさんある。

　でも、想像力のない私は、そういう方が日本にもいると考えたことがなかった。

　"戦争法案"に異議を申し立てた学生団体の人たちを撮った『わたしの自由について〜 SEALDs 2015』（2016年）を監督した西原孝至が、日本の「もうろう」の人たちを取材したのが、この作品。

　最初に全国盲ろう者協会の第25回全国大会のようすが画面にでる。年に1度開かれるこの大会に、2016年には800人が集まったそうだ。もうろうの人は全国に1万4千人くらいいるとナレーションが入る。

　宮崎県えびの市に住む遠目塚秀子さんは、生後2か月で耳が聴こえなくなり、38歳で目が見えなくなったそうだ。秀子さんは母親と兄との3人暮らし。秀子さんの家事分担は、食器洗いと洗濯。洗濯機を回し、物干し竿を出し、洗濯物を干す。

　秀子さんの通訳と介助をするのは岡原さん。デイケアで働いていて知り合ったという。2人のコミュニケーションは"触手話"。お互いの指にふれて言葉を伝える。秀子さんの表情が変わる。意志が伝わっていくことがうれしいのだろう。2人はスーパーに買い物に行ったり、ウォーキングもする。秀子さんは字も書けるし、点字も打つ。そんな秀子さんだが、目が見えなくなったときには、「親子で死のうと思った」と母親が話す。

1人じゃないよ、コミュニケーションの方法があるよ、通訳・介助の人がいるよと呼びかけてきた人たちがいることを私は知って、目が熱くなった。全国大会が開かれるまでの道のり、もうろうの人たちを少しでも解放できるようにとの志を持った人々がいたのだ。

　広島に住む川空さんのことを、姉は気持ちが「通じん、通じんみたい」だったと話す。その川空さんは市内の作業所で週に5日働いている。紙の箱づくりの仕事で、1日400円の工賃を得ている。ちゃんと金を稼いで自立したい、結婚して家庭を持ちたいと前向きだ。柔道の障がい者大会にも出るなど積極的だ。

　川口智子さんは27歳。先天ろうの女性だ。一般の企業で働いている川口さんは、能や歌舞伎の観賞をして、感想や評論を書いている。川口さんは視野が狭くなる症状がある。目が見えるうちにいっぱい観たいと語る。生まれかわったら聴こえる人になりたいとも語る。正直な人である。

　私は、この映画に出てくる人たちを「もうろうの人たち」とひとくくりにしてしまいそうな自分に気づいた。ひとくくりにしてはいけないのだと反省した。先天的に目が見えない人もいれば、途中で失明した人もいる。聴覚もそうだ。そして、障がいをどう受け留めているかも人それぞれなのだ。積極的に表に出る人もいれば、自分の世界にこもる人もいるだろう。本人の意思もあれば、周囲の人たちの思わくもあるだろう。でも、みんな「もうろうをいきる」のだ。

　福島智さんは生後目が見えなくなり、高等部のときに耳がまったく聴こえなくなった人だ。が、日本で初めて大学に進学し、今は東京大学先端科学技術研究センターの教授である。福島さんは「ないないづくしの中で」もうろう者のコミュニケーションを語る。そして「人だ」と言う。

　手書き文字、音声、筆談、手話、点字、指点字、指文字、パソコン。表現すること、コミュニケーションすることの意味が伝わってくる。可能性は広がる。

　通訳・介助者を無料ボランティアのように扱う自治体があることなども指摘されている。

　西原監督の静かな語り口が、印象に残る作品である。このような意義ある作品を配給する映画製作会社シグロにも拍手を贈りたい。

きらめく拍手の音

きらめいているのは手だけではなく、
聴こえない両親と聞こえる子の家族の愛だ。

イギル・ボラ監督作品
2014年　韓国　2017年日本公開　80分

ドキュメンタリー

　クリスマス・ツリーの飾りつけをする父親。部屋にデコレーション電球も取りつける。母親がアドバイスをする。2人は手話で話す。撮影しているのは長女のイギル・ボラ。
　父親が説明する。「ここを見てと言うとき、手をきらめかせる」。スクリーンにきらめくいくつもの手のひら。美しい画面だ。
　サッカー青年だった父親は、演劇で主役を演じる女性に一目惚れする。エキゾチックな顔立ちの女性は若者にモテモテ。彼女は教師になろうと思ったが、障がい者は採用されない。で、縫製工場に就職したが、サッカー青年が恋わずらいで寝こんでしまう。それを知った彼女は仕事を辞めて帰ってくる。
　2人は手話で愛をささやき合った。89年3月に結婚。結婚式のようすは当時撮影されたビデオで流れる。
　ボラ監督のモノローグ。と、両親の手話のコラボだ。
　母親は「あの頃は手紙や花をたくさんもらったの。もらうそばからゴミ箱に捨てた」と言う。父親も「男性が蜂のように群がったと聞いたよ」と言う。
　聴覚障がい者を撮ったドキュメンタリーと聞いていたので笑ってはいけないと思っていた私は、このあたりでクックックと小さく笑ってしまった。笑ったのは私だけではなく、あちらこちらから笑いが起きていた。
　『名もなく貧しく美しく』（松山善三監督作品、1961年）の上映では笑い声はなかった。夜中に泥棒が入り、玄関の戸を開け放しにして逃げてしまい、赤ちゃんが凍死してしまうシーンでは観客は号泣していた。しかし、あの作品は、障がい者は「名もなく貧しく美しく」生きなさいという押し付けでは

ないか。差別と裏返しの同情を買おうとする作品だったと思っている。私がその後知り合った障がい者は、貧しくてもけっこう「名もありたくましい」。

　監督の父親サングクもたくましい。リストラで会社をクビになると、鯛焼き屋を始める。両親は子ども2人を連れて商売に行く。2人は客に金額を告げ、お金をもらう。2人は両親と健聴者の通訳をしていたのだ。

　が、監督は言う「私たちは他の子より早く、警戒することを覚えた。弟と私は自分を抑えた。そして、早く大人になろうとした」。

　弟も言う「転校するとき、親と学校に行くだろう。その時に、クラスの子が親を見て、耳が不自由だって分かったみたい。それでからかわれたよ」。

　母は言う「息子がいじめられたから学校に乗りこんだ。通訳しろとボラを呼んでね」。

　ボラは、高校を中退して「広い世界が見たくて」東南アジアへ旅に行く。「でも海外にいても説明しなきゃならない。なぜ親と国際電話をしないのか。なぜ身振り手振りが大げさなのか。私は明確に答えたくて、英語を習い、哲学書を読んだ。でも言葉は説明しきれない」とボラは言う。そして「うまく説明できないことを形にしたかった。……そしてカメラを持った。どうしてもその沈黙を理解したくて」と言う。

　弟も言う「先生に、お前の両親は障がい者だから、お前は問題を起こすなと言われたと覚えている。それ以来、障がいのことを負担に思うように」と。

　ボラが言う「早く大人になりたくて、そして誰よりも早く大人になった」と。

　音の無い世界と音のある世界。ボラ監督は二つの世界をカメラで結ぶ。

　家族はカラオケ店に入る。母親が「一言が足りなくて　近づけない人」と歌う。父親がタンバリンをたたく。

　障がいは本人にあるのではなく、社会との関係にあるのだと思ってきたのだが、隣りの席の女性が大泣きしているのに気付いた。

　聞こえない親を持つ健聴者のことを「コーダ」というそうだ。

　この作品、日本では「バリアフリー仕様・字幕版」で上映するという。これも"きらめく"仕事だ。

　韓国と日本とでは手話の仕方がちがうそうだ。

旅する映写機

映写機と映画館を探すツアー。
参加者は私たち。ガイドは森田監督。

森田惠子監督作品
2013年　日本　105分

ドキュメンタリー

　　　　映写機という言葉が死語になりかけている。映画はフィルムを映写機でスクリーンに映すものだった。フィルムの幅は35ミリ、16ミリ、8ミリなどがあった。学校や公民館にあったのは、16ミリの映写機が多かったけれど、映画館では35ミリが主流だった。
　映画の観客が減り、各地の映画館が閉館となったことは、まだ私たちの記憶に残っている。でも、それとともに失われていった映写機のことや映写技師のことを私たちはほとんど知らない。
　北海道浦河郡浦河町にある「大黒座」を撮った映画監督森田惠子は、大黒座の映写機が札幌にあった映画館ジャブ70ホールで使われていたものだと知って興味を持つ。そして、日本の各地の映画館を巡る旅に出る。
　東京・渋谷駅の近く。「シアターN」で映写機の撤去作業をしている。作業をしている加藤元治は「また組み立てて動くようにする」ために、ていねいに部品を外す。
　「大黒座」は1918（大正7）年に立てられた小さな町の小さな映画館。四代目の館主夫婦は映画で結ばれたそうだ。「映画はぜひ映画館で観てほしい」と館主は言う。
　野外映画というのもある。校庭や神社の境内に幕を張り映画を写す。幕はひらひらするからスターの顔がゆがむ。スクリーンの裏はどうなっているのかとのぞきに行く子どももいる。口笛を吹く青年もいる。松山市南銀天街のマネキネマという自主上映グループは、「南ぎんてん映画祭」で商店街の一角で「チャップリン」という作品を野外上映した。

森田監督は映写機を追うだけでなく、映画が好きな人を追っている。これがいい。「近所の人が山で獲れたと箱ごとみかんをくれて、スタッフだけでは食べきれないから、客に配った」と話すのは「シネマ尾道」の支配人河本清順さん。預けていた映写機が火事で焼けてしまったので、岡山のシネマ・フレールの映写機を譲ってもらったそうだ。椅子も二か所からもらったという。

　映画館だから、上映予告のポスターが貼ってある。高知市の大心劇場は町外れにある。「毎日かあさん」を上映中。看板は「スリーデイズ」の絵だ。館主が自分で描いたという。父親の経営していた映画館が閉鎖になったとき、建物の構造材を運んで今の映画館を建てたという。当主は「流しこみ」という技術の持ち主だ。フィルムのお尻と、次のリール頭をテープで仮どめして上映するのだ。大心劇場にはカーボン映写機が展示してある。光源が電球ではなかった時代のものだ。

　そのカーボン映写機を今でも使っているのが、福島県本宮市の本宮映画劇場だ。ここは昔は、芝居、浪曲もやっていたという。村の人がやる素人演劇や歌と踊りの集会では1500人も客が入り、3階までびっしりだったそうだ。映画を観る人が減ってしまった時代、館主の田村さんは自動車のセールスマンをしていた。でも、休館中も映写機のメンテナンスをし、電気の契約は続けた。定年後、映画館を再開するためだ。

　東京豊島区には移動用映写機の修理をする技術者がいる。移動用映写機を持って、興行主たちは村から村へ、山間地から海辺の村へと廻ったのだ。学校でも映画教室が開かれていた時代だ。修理をしながら大島眞さんは言う。「今は、映写機も部品も製造されていない」と。この先どうなってしまうのだろうか。

　宮古市のシネマリーンは、生活協同組合の活動の一つとして1977年に2スクリーンで開場した。2011年3月11日の大地震と津波のあと、映画人になにができるだろうかと相談して、仮設住宅を廻って上映会を開くことにした。1人で廻るからDVDでの上映だ。岩手県内すべての仮設を廻りたいという。

　東京、東村山市の国立ハンセン病資料館にはカーボン式映写機が展示されている。隔離され、外に出られなかった人たちにとって、映画は世界との交流のツールだったのだ。胸が痛む。

4

戦争と平和、沖縄

この世界の片隅に

のほほんと、絵を描くのが大好きな少女にも
戦争は迫ってくる。

片渕須直監督作品
2016年　日本　129分

広島のノリ生産家の娘すず（のん）は、ノリを届けに行こうとして人喰いに捕まって、背中のかごに入れられてしまう。かごの中にはすでに少年が入っていた。夜になるとすぐ寝てしまう人喰いの癖(くせ)を知っていたすずは、機転をきかせて逃げる。

ある日、昼寝をしていると、ざしきわらしが出てくる。すずはざしきわらしと仲良しになる。

夢なのか作り話なのか。のほほんとしたマンガや絵を描くのが得意のすず。流れてくるのはコトリンゴのカバーする「悲しくてやりきれない」。なぜこの曲なのか。

望まれてすずは呉(くれ)に嫁に行く。相手は何と人喰いに捕まっていたあの少年だった。水汲み、飯たき、洗濯と、すずはよく働く。出戻りの義姉のいじわるにも気づかないようだが、ストレスがたまり円型はげができてしまう。

里帰りしたすずは、産業振興館（今の原爆ドーム）の絵を描く。「さよなら、さよなら広島」は予言なのか。

食糧事情が悪くなっても、すずは山野草を摘んできて「楠公飯」(なんこうめし)（楠木正成が考えた飯）を作ったりと健気である。

が、呉も空襲を受け、家は「建物疎開」で壊されてしまう。すずが呉の港の軍艦をスケッチしていると、「間諜」(かんちょう)（スパイ）かと憲兵に捕まってしまう。憲兵は家にまで押しかけ、義父や義姉を脅す。脅された家族はすずをせめるが、じつは…。

町に出かけたすずは、闇市での物価におどろいているうちに道に迷い、色街(いろまち)に入りこむ。色街のことを知らないすずは、そこではたらくリンと知り合う。リンは「この世界にそうそう居場所はなくなりゃせんよ」と言う。

めいのはるみは義姉と下関に疎開することになるが、その日に呉は大空襲を受ける。

そして、8月6日。広島は壊滅する。

8月15日の玉音放送にすずは怒る。「みんな死ぬはずじゃなかったのか」と。

解説

　こうの史代のマンガが原作。原作自体が大きな評判を呼んだ。絵が好きで、マンガが上手な、のほほんとしたすずというキャラクターがいい。よくわからないまま嫁にもらわれていき、生活に追われるすず。それは当時の若い女性のふつうの暮らしだった。そこに戦争の影が忍び寄ってくる。

　この原作を片渕須直監督がじつにていねいに演出している。考証も精密だ。当時、呉の軍港に、いつどの軍艦が入っていたかも調査したそうだ。広島の町の俯瞰図も納得できる。私は破壊された原爆ドームしか見ていないが、広島の産業振興館がずいぶん立派なモダンな建物だったことを私はこの映画で知った。

　そこに「悲しくてやりきれない」の曲である。憎いまでの演出だ。

　演出といえば、すずが鉛筆で描くマンガタッチの絵もおかしい。完璧といえるアニメーションの中にマンガを入れているのも演出である。この計算に私たちはすんなり入ってしまう。敵機襲来のシーンもすずの筆によって花火の絵のように描かれている。

　戦争のすさまじさ、とりわけ広島の原爆については、よく知られているとおりである。が、こうの史代はのほほんとしたすずに語らせる。戦争が終わって「良かった、良かった」とみんなが言う中、すずは「何が良かったのか」とつぶやく。戦争責任を問うているのだ。それでもすずは言う「この世界の片隅に私を見つけてくれてありがとう」と。

　ラスト近く。広島で母親を亡くして孤児になった女の子が、すずたちにおにぎりをもらう。敗戦後、上野駅の地下道には餓死した子どもたちが転がり、「浮浪児にエサをやらないで」というビラが貼られていたという。すずたちの優しさに涙が出る。

　のんの声もいい。すずその人の声かと思ってしまう。

　アニメーションの最高級作品である。そして何よりものほほんとした若い嫁と家族を襲った戦争の恐ろしさを描いた反戦映画として優れた作品である。こうの史代原作の映画『夕凪の街　桜の国』（2007年）も広島を描く秀作である。こうの史代は1968年生まれだ。

草の乱

135年前、秩父谷で民衆は
自由と民権を求めて蜂起した。

神山征二郎監督作品
2004年　日本　118分

　　　1918（大正7）年。北海道・野付牛町(のっけうしちょう)（北見市）。『高浜道具店』と看板がある。病床から起きた老人が短冊に筆を走らせる。
　　　おもかげの　眼にちらつくや　たま祭
　妻のミキ（田中好子）に、どうして籍を入れないのかと問いつめられた老人伊藤房次郎（緒形直人）は「いましばらく待ってくれ」と答えるだけだ。
　病院のベットで妻と息子に伊藤は「井上伝蔵、わたしの本当の名前だ。本籍は埼玉県秩父郡下吉田村にある。いままで身元を明かさなかったのは、わしが、死刑の判決を受けているからだ。逮捕を逃れて2年後に北海道に渡り、33年。わしは、伊藤房次郎として生きてきた」と打ち明ける。
　秩父事件である。
　1883（明治16）年10月。下吉田村。丸井の屋号のついた蔵の前に村人が集っている。横浜に生糸を売りに行った伝蔵の帰りを待っている。帳場に出てきた伝蔵は、村の衆に値段を告げる。おととしの半値になったという。
　困窮した農民は借金する。高利だ、借金は返せない。裁判所とつるんだ高利貸は土地を取り上げる。悪役黒川を演じているのは福田勝洋。
　伝蔵の書斎には、ルソーの『民約論』などが並んでいる。伝蔵は自由民権を掲げる自由党に入っている。
　秩父でも自由党の演説会が行われる。伝蔵たちも参加する。演説しているのは大井憲太郎だ。大井が「不平等を生み出したのが薩長の専制政府であります」と訴えると、警官が「弁士中止」と命令する。騒然となる会場で聴衆と警官隊の間に割って入ったのが田代栄助(えいすけ)（林隆三）で、のちに困民党総理になる。
　各地で農民の蜂起(ほうき)が起きるが、内務卿兼参謀本部長、陸軍中将山縣有朋(やまがたありとも)は「草賊(やから)の輩を恐れ減税し、軍備拡張をおこたったら、日本は滅亡するぞ」と鎮圧を命ずる。
　1884（明治17）年11月1日、3千人もの秩父困民党は蜂起する。

4 戦争と平和、沖縄

解説　「恐れながら天朝様に敵対する！」と叫んで、秩父谷を駆け抜けた困民軍。その背景には軍備拡大のために税を重くした政治、経済政策の失敗、自由民権運動への弾圧がある。直接的には生糸相場の下落、高利貸の放任があるのだろう。関東各地にある政治結社、農民運動と連帯しようとして、敗れた秩父困民党の闘いは、長い間、封印されていた。秩父の人たちも「とんでもない暴徒」「逆賊」とされた困民党の蜂起を語らなかったという。

　名誉回復できたのは1928（昭和3）年、堺利彦が雑誌『改造』に寄せた「秩父騒動」によってであると、井出孫六は講談社現代新書版『秩父困民党』に書いている。

　秩父困民党の思想は、当時の自由党にあった自由民権をめざすものである。貧しい者の解放、圧政への抵抗が根底にある。

　『草の乱』でも、井上伝蔵を折目正しい知識人で、村の未来を考えている清廉潔白の士として描いている。緒形直人が近代的理性の人を見事に演じている。もと芸者だった妻のこま＝おこう（藤谷美紀）が聡明で意志の強い女性であったこともわかる。困民軍総理の田代栄助を演じた林隆三も貫録十分。

　高利貸の家を燃やすときには隣家に濡れむしろをかけ、類焼を防いだ困民軍。その要求は納得できる。軍規は「私ニ金品ヲ掠奪スル者ハ斬」「女色ヲ犯ス者ハ斬」と厳格である。

　会計長の井上伝蔵が北海道まで逃げ、家族にも素生を明かさず生き抜き、秩父蜂起のことを後の人々に伝えようとしたその事実も感動的なことである。35年間も逃走したことは政府にとっては失態だが、秩父困民党や各地で弾圧された人々には勇気を与えてくれる。

　神山監督は、1754（宝暦4）年の農民一揆を描いた『郡上一揆』（2000年）を発表している。この作品でも、一揆を無知粗暴な農民の騒乱としてではなく、ヒューマニズムと知性に立つ農民の決起として描いている。

老人と海

台湾に近い与那国島。
カジキマグロの突棒漁に生きるおじい。

ジャン・ユンカーマン監督作品
1990年（2010年新版）　日本　101分（98分）

ドキュメンタリー

　「老人と海」といえばヘミングウェイの名作で、『誰がために鐘は鳴る』『怒りの葡萄』のように映画になったのかと思ってしまう。けれど、これは劇映画ではなく、ドキュメンタリーだ。若い日に「老人と海」を読んで感動した山上徹二郎（映画製作会社シグロ代表）が、沖縄の与那国でもカジキマグロの一本釣が行われていることを知る。

　与那国は沖縄本島から南西520km、台湾まで120kmの島。

　そこで80歳を過ぎた老人が、ひとりでサバニと呼ばれる小舟に乗って、黒潮の中でカジキを釣る。

　観光PR映画かと思うほど、与那国の美しい海岸がスクリーンに写る。

　老人（糸数繁さん）が小舟をていねいに洗っている。ばあちゃんが来て「まだおりないの」と声をかける。

　漁港ではセリが始まる。大きくて、色あざやかな魚をせり落とすのは地域のおばあたち。魚はその場でさばく。

　おじいは、家で漁の準備。釣針にやすりをかけ、釣糸（ワイヤー）に結びつける。それを矢尻突棒の先につける。

　夜明け前の暗い港で、サバニを塩で清め、出漁。クバの葉で編んだ帽子にタオルのほっかむり。黒潮の海。朝日が昇る。画面が揺れる。スクリーンを見ている私も船酔いしそう。釣ったカツオをエサにして、おじいはカジキをねらう。仲間の船がカジキを釣った。大きなカジキを引き寄せる。いや、船が引き寄せられるのか。モリで突く。ほとんど、格闘だ。海に引きずりこまれないかと、映画を観ている私も手に汗をにぎってしまう。

おじいのほうはシイラがかかっただけ。カジキは釣れない。

ずっと釣れないのだ。映画は村の人の生活を紹介していく。新聞配達の剽軽（けい）な青年、放し飼いの水牛、山羊、ヨナグニ馬、亀甲墓（きっこうばか）、闘牛。

「朝の7時から夕方の4時までかかって、親父と兄貴とオレの3人で、交代しながら飯食って、(でかい)カジキを上げた」などと自慢話をする漁師たち。いいなあ、仲間と自慢ができる関係、仕事。ここには孤独はなさそうだ。

なのに、おじいの舟にはかからない。心なしか、元気がなくなっていくおじい。ばあちゃんもさびしそう。

旧5月4日は豊漁祈念のハーリー祭だ。船を漕ぐ男たちも懸命だけど、応援する女たちもすごい。いっしょになって浜で力いっぱい櫂（かい）を漕いでいる。海に入っていくおばあもいる。競争の第2ステージもすごい。折り返し点で船をわざと転覆（てんぷく）させるのだ。もとにもどした船に乗りこんで漕ぐのだけど、船底に水が入っているのだから、当然船は重い。それがおばあたちを興奮させる。

こういう熱狂を、映画のスタッフはどんな気分で撮っているのだろう。いっしょになって踊りたくならないのだろうか。監督は冷静に指示しているのかな。

旧10月10日はこんぴら祭。おじいも背広を着て、靴を履いてお参りする。いただいた米で船のお祓（はら）いをする。

おじいの舟にカジキはかかるのだろうか。

糸数繁さんは、1990年7月29日にカジキ釣りに出たまま不帰の人となってしまった。発見されたとき、手には釣糸が巻きついたままだったそうだ。おじいは大好きな海に、愛したカジキに引き寄せられていったのだ。これも「自然」なのだ。

この作品は2010年に新版（ディレクターズ・カット版）が出ている。

バリアフリーのDVD版には、玉井夕美のおしゃべりが入っている。『千と千尋の神隠し』(2001年)で、リン役の声を演じた玉井夕美が臨場感いっぱい、まるでサバニに乗っているかのようにしゃべっていて、いい。

この与那国に自衛隊の基地ができる。アメリカの対中国エアシーバトルの戦略なのだ。尖閣諸島問題はエアシーバトルを造るための宣伝に利用されているのだ。

ジャン・ユンカーマンは『沖縄うりずんの雨』(2015年)の監督もしている。

標的の島　風かたか

風よけ波よけになろうと
唄って踊って笑って
非暴力の沖縄の人たち。

三上智恵監督作品
2017年　日本　119分

ドキュメンタリー

『標的の村』（2013年）、『戦場ぬ止み』（2015年）と沖縄の現在を撮ってきた三上智恵監督の新作は、那覇の県民集会から始まる。米軍属による女性暴行殺人事件の被害者を追悼する集会で、古謝美佐子さんが三線を弾きながら「童神」を唄う。

　　雨風ぬ吹ちん　渡る　くぬ浮世　風かたかなとてぃ　産子　花咲かさ
　　　　　　　　　　　　　　　　（風よけ防波堤となって、生まれた子に花咲かせたい）

　私はこの歌を聞いて涙目になった。稲嶺名護市長（当時）の「今回もまた、ひとつの命を救う風かたかになれなかった」という挨拶であやうくなり、被害者の父親の手記（代読）でとうとう泣いてしまった。どうして沖縄の人たちは今も被害者にならなければいけないのだと怒りがこみあげてくる。
　スクリーンには体じゅうに泥を塗ったパーントゥ（神さま）が、子どもたちをつかまえて泥を塗る。健康を祈る民俗行事だが、逃げる子どもも、泥を塗られた子もこわがり、泣き叫ぶ。泣いたばかりの私なのに、声をあげて笑ってしまった。宮古島の厄払いの行事だ。
　その宮古島に自衛隊のミサイル基地が造られるという。奄美、沖縄本島、宮古島、石垣島に地対艦ミサイルを配備すると政府が発表したのが2015年5月だ。その計画がじつはアメリカの「エアシーバトル構想」で、自衛隊がアメリカのかわりに中国と戦うことになると、参議院議員の伊波洋一さんは話す。軍事評論家の小西誠さんも先島諸島が犠牲になると言う。安心して暮らせないと動き出す母親グループは、市役所前に座りこむ。勉強会を開く。
　石垣島の於茂登岳のふもとにもミサイル部隊配備計画がある。「こんな小さい島でどこに逃げるのか」と於茂登地区自治会長の嶺井善さんが言う。嶺井

さんの親たちは、戦後、沖縄本島の土地を米軍にとられ、石垣に移住して於茂登を開墾したのだ。石垣島には「マラリア地獄」という悲劇があった。マラリアが蔓延する山奥に住民（他の島に住んでいた子どもも含む）を移住させ、3647人が亡くなっている。体験した潮平正道さんは「軍隊は国民の命より軍の秘密を守ることが最優先ですよ」と言う。

配備予定地に立った山里節子さんは「トゥバラーマ」を唄う。トゥバラーマは喜びや悲しみを即興で歌う伝統的な民謡だ。山里節子さんは「トゥバラーマ」を継承する唄者でもある。

沖縄本島・辺野古のゲート前。座りこみをする人々。リーダーの山城博治さんは抗がん治療を受けているのに、病院を抜け出して、抗議の先頭に立つ。沖縄県警の指揮官が博治さんに「元気になってから」と声をかけ、一瞬つまって、「また暴れましょう」と言う。10年の付き合いになる。同じ琉球人なのだ。

沖縄本島・高江。オスプレイのヘリパット建設現場。座りこむ人たちに対し、1000人もの機動隊が全国から動員されてくる。突如検問が行われ、公道なのに駐車禁止になる。博治さんは道路を塞ぐようにみんなの車を並べるよう指示する。朝5時半に機動隊が押し寄せてくる。座りこむ人を数人の機動隊員が排除していく。人々は粘り続ける。が、9時半、1人の女性の首にロープがからまり、息ができなくなってしまった。博治さんは白旗を揚げた。死者を出してはいけない。「命どぅ宝」なのである。

石垣島の旧盆。エイサーを踊る人たちがいる。石垣にはエイサーはなかった。移住してきた於茂登の人の誇りだ。嶺井さん父娘もいっしょに踊る。ウシュマイとンミーの2人組が裏声でかけ合い漫才のように「アマンガ」をする。自衛隊の基地のことも、とんち問答にしてしまう。権力の暴力に対し、唄と踊りととんちで立ち向かうというのだ。

抗議し、抵抗する人たちの持つプラカードの1枚に「初心を忘れるな」とあった。3.11の東日本大震災のとき、救助活動をする警察官に接し、正義感に燃えて警察官になった人もいるだろう。それなのに、沖縄の人々を弾圧する仕事をさせられる。沖縄に戦争を持ちこむことに黙って手を貸すのか。

黙ったまま抗議の意志を示し、警察官の顔を直視する若い女と、うつろな目をしたまま立っている若い機動隊員。古謝美佐子の唄声がよみがえる。

山城博治さんは2016年10月17日に逮捕され5ヵ月勾留、そして有罪判決が出た。

米軍(アメリカ)が最も恐れた男　その名は、カメジロー

アメリカの軍政下のオキナワ。
人びとの声を聞きとり、
闘いつづけたカメジロー。

佐古忠彦監督作品
2017年　日本　107分

ドキュメンタリー

　カメジローは、ガジュマロが大好きだったという。「どんな嵐にも倒れない。沖縄の生き方そのものだ」と。「不屈」という字を色紙に書いていた。沖縄の民衆のことだという。
　ライブハウスで歌っているのは、沖縄の歌姫グループ「ネーネーズ」だ。
　　あなたならどうする　海のむこう　おしえてよ　亀次郎
　　それは海が赤く　泣いている　自然をこわす　人がいる
　　約束は守らず　そっぽむく
　　あなたならどうする　となりあわせを　おしえてよ　亀次郎
　スクリーンに、いきなり今日の状況が出てくる。アメリカ軍の水陸両用車が何台も公道を走っていく。敗戦、占領が「今も地つづき」とナレーターが語る。
　あの時代のことを証言者は語る。「夜になると米兵が女を誘いにくる。レイプが続いていた」「収容所では餓死する者があとを断たなかった」。土地は強制収容されてしまう。米軍基地が拡大される。
　「うるま新報」（現、琉球新報）社長に就任した瀬長亀次郎(せながかめじろう)は、47年に沖縄人民党結成大会に参加し、52年の第1回立法院議員選挙でトップ当選。が、その直後の琉球政府創立式典で宣誓を拒否したことから、米軍にマークされることになる。米軍の占領下でのかいらい行政府に抵抗したのだ。映画の中にこの時の写真が出てくる。議員が全員起立脱帽している中、再後列に座っている瀬長はかなり目立つ。
　この年にサンフランシスコ講和が成立して、日本は独立国として主権を回

復するが、沖縄は日本から分離させられてしまう。天皇が「沖縄を25年から50年支配していい」とメッセージを送っていたことも映画は指摘している。

証言者の1人は「6歳の女の子が米軍の兵隊に誘拐されて、レイプして殺された事件を忘れられない」と語る。もちろん米兵の犯罪だから、沖縄の警察は犯人を逮捕できない。抗議集会には15万人が集ったという。

カメジローは、54年の10月に、退去命令を受けた人民党員をかくまったとして、逮捕され投獄される。刑務所で暴動が起きたときには、服役者の自治活動を刑務所側に認めさせて、おさめる。瀬長は宮古刑務所に移され、重い病気になったりするが、56年4月に出獄。刑務官までがうれしそうな顔をしている。凱旋将軍を迎えるかのように集った民衆に、瀬長は「パレードになると無届デモと見なされて弾圧される」からと、1人で歩いて帰宅する。道の両側にびっしりと人々が立っていてもおとがめはない。瀬長は戦略家でもある。瀬長の獄中日記が映画に写っているが、冷静に情勢を見ていることがわかる。

1956年12月には那覇市長選で当選。米軍は味方議員に不信任案を7度も出させ、ついには那覇市への給水停止、銀行融資停止、預金凍結などの弾圧をかけてくる。とどめは布令改正で「投獄歴のあるものは被選挙権がない」として、市長を辞めさせた（瀬長布令）。

1966年に瀬長布令が廃止になると、1968年には立法院議員選挙に当選。70年には沖縄初の衆議院選挙で当選。そのあと7期連続当選する。

1972年に沖縄は本土復帰をするが、その内じつは民衆の願っていた「基地なし」ではなかった。瀬長は佐藤総理を国会で舌鋒するどく追及する。

1990年に瀬長は衆議院議員を辞し、2001年に死去する。94歳だった。

「一握の砂も、一坪の土地もアメリカのものではない」と「不屈」の精神で闘った1人の人物を追いながら、沖縄の戦後、そして今に続く苦難を、テレビ局ならではの豊富な資料と映像を駆使した映画である。

佐古監督は「昔話ではない、私たちが生きている『いま』だ」と言う。

この作品は2016年にTBSで放送されたものがもとになっている。

『標的の島・風かたか』（138,139p）とあわせて観てほしい。

はだしのゲンが見たヒロシマ

『はだしのゲン』は創作ではなく真実だ。
ヒロシマはフクシマに通じている。

石田優子監督作品
2011年　日本　77分

ドキュメンタリー

　「原爆をテーマにしているけれど、麦、大地に芽を出し踏まれて育ち、まっすぐ茎を伸ばし、穂をつける麦。生きろということ。ゲンは元素の元、元気のゲンです」と、マンガ『はだしのゲン』の作者中沢啓治が話す。

　1945年8月6日。中沢は国民学校（小学校）1年生だった。学校の門の前で同級生の母親に声をかけられて立ち話をしているとき、B29が飛んで来た。次の瞬間、火の玉が見えた。ピカだ（爆心地ではドンという音は聞こえなかったという）。気がつくと頬に五寸釘が刺さり、背中にはかわらやレンガがのしかかっている。

　中沢は家に向かう。電車道を人々が逃げてくる。皮がむけて、指の爪先にひっかかり、皮をずるずると引きずっている。中沢の母親は産気づいて、停留所で出産していた。

　畑に人が倒れている。「ワーワーワー」と声がする。「水」「水」と叫んでいるのだった。水を飲ませると、すぐ死んでしまう。

　中沢はそれらの光景をはっきり脳裏に焼きつけていると言う。

　『はだしのゲン』を発表したとき、「こわい」という反応があった。中沢は「こわいと感じてくれることがありがたい」と返事を書いたと言う。「笑って読むことではない」と。

　聞き手は、NPO ANT・Hiroshima 理事長の渡部朋子。あらかじめ原稿が用意されているわけではない。ただ聞いているだけではインタビューとして役に立たない。自分の意見を押しつけてもいけない。このむずかしい仕事を渡部がになう。渡部朋子の澄んだ声が、中沢啓治の話をうまく引き出している。

中沢啓治は父親が絵描きだったせいか、小さい頃から絵が好きで、手塚治虫の模写をしていた。闇市の映画のポスターをはがして裏に漫画を描き、小学３年生のときには漫画家になろうと決めていたという。当時子どもたちに人気の『漫画少年』に投稿し続け、17歳のとき初めて入選。

　東京に出てくる。広島で原爆を受けたと言うとイヤな目で見られたりして、原爆差別があるとわかったので、原爆からは逃げていたと正直に中沢は言う。

　が、22歳のとき母親が死ぬ。骨を拾おうとしたら骨がない。「原爆っていうのは骨まで取っていく」と腹が立って、中沢は原爆のこと、戦争責任のことを明らかにしようと決意する。「自分にできるのは何があるかって言ったら漫画しかない」と、中沢は原爆を描き始める。

　1968年には『黒い雨にうたれて』を刊行。劇画タッチで、原爆を落下したのはアメリカだからと、アメリカ人のみを襲う被爆青年の殺し屋を描く。

　漫画家の自叙伝シリーズとして72年に『おれは見た』を刊行。これを読んだ『少年ジャンプ』の編集長に、「お前の好きなだけのページ数、期間をやる」と言われて（この編集長の眼力も決意もすごい）、1973年から連載を始める。これが『はだしのゲン』だ。当時のことを中沢は「ペンを握りつづけているから肩が痛くて、電車の吊り輪が腕が上がらないからつかめない」と言う。

　その原画9505点は広島平和記念資料館に収蔵されている。原画を観る中沢と渡部。撮影するカメラマン大津幸四郎。３人の胸のうちが伝わってくる。

　中沢啓治は差別のことも指摘する。被爆して避難した母の知人宅あたりで、「よそ者」と暴行されたこと、母が雨傘泥棒の濡れ衣を着せられ警察に連れて行かれたことを話し、「強い奴が弱い奴を徹底的にいじめる」人間の本性を見たような気がすると語る。

　ヒロシマ差別はフクシマ差別に通じる。

　戦争はするな、核兵器はぜったいいけないと次の世代に伝えたいと中沢は言う。漫画も一つの方法だと。

　『はだしのゲン』を公共図書館から片付けてしまおう、『はだしのゲン』の講釈の会に会場を貸さないという動きがある。とんでもないことだ。

　この作品にはバリアー・フリー版、学校教材用の短縮版もある。

　問合せ先、シグロ（03-5343-3101）。

ひろしま

広島の市民ら8万8千人が出演して、
原爆の悲惨さをリアルに訴える。

関川秀雄監督作品
1953年　日本　104分

物語

　高校3年生の教室ではラジオで1945年8月6日の原爆投下のドラマ放送を聞いている。と、1人の女生徒が気分が悪いと訴える。教師の北川（岡田英次）が近寄ると、大庭みち子は鼻血を出していた。みち子は入院し、白血病とわかる。北川は広島の高校に勤めているのに原爆症のことを知らなかったと、生徒に謝罪する。被爆者である生徒は「まず、日本人に、広島の人に知ってもらいたい」と訴える。

　あの朝、みち子たちは建物疎開（空襲や火災にそなえて、建物を解体する）の作業をしていた。空襲警報は鳴っていないのにB29の音がする。米原先生（月丘夢路）も生徒も空を見上げた瞬間。閃光と爆音。

　瓦礫の中でもだえる人、呆然とする子、泣き叫ぶ子。阿鼻叫喚の地獄となっていた。みち子の母みね（山田五十鈴）はつぶれた家の屋根を破って出てくる。3人の子どもの名前を叫び、探しに行く。下敷きになった妻を助けようとする遠藤秀雄（加藤嘉）だが、火が燃え広がってしまう。

　米原先生と生徒たちは炎から逃げるように川に入って行く。「君が代」を合唱しながら流されていく生徒たち。米原先生も沈んでしまう。

　死体を山積みにして火をつける兵士。桟橋も船も避難する人でいっぱい。救護所もうめき声、泣き声、ののしる声。

　遠藤秀雄は長男を見つけるが、すでに息絶えていた。その遠藤秀雄のところに、二男の幸夫と長女の洋子が連れられて来るが、洋子は「お父さんじゃない」と叫んで救護所を飛び出し、行方不明になってしまう。

　高校生になった幸夫だが、学校には行かず、おじの機械工場にも行かずぶらぶらしている。町の中の浮浪児たちを集めて一攫千金の企みをする。

　日本が朝鮮戦争で金もうけをしていることを批判し、自分も被爆した少女を傷つけるようなことを言ってしまったことに、幸夫も自暴自棄になっていたのだ。

4 戦争と平和、沖縄

　自らも被爆した長田新が広島の子どもたちの手記を編集した『原爆の子』(岩波書店　1951年)を原作に、八木保太郎が脚色。長田新も映画化の努力をした作品である。

　映画には約8万8千人といわれる市民たちがエキストラで出演している。それもこぎれいな役ではない。焼きただれた肌、服。土まみれ、血まみれ、膿まみれの役である。川に入り、流されていく子どもを演じたのも広島市の子どもたちだ。

　なぜ、そんなにも多くの人たちが集まってくれたのか。

　主演の月丘夢路は宝塚出身の日本のトップ女優の1人である。その女優がこのように精神的にも肉体的にもきつい役を引き受けたのは、やはり使命感なのだろう。

　山田五十鈴は2000年には文化勲章を受章したほどの大女優である。「演技とは思えないほどの」という形容があるが、子を探して絶叫するシーンは背筋が寒くなるほどだ。

　岡田英次は、1959年アラン・レネ監督作品『ヒロシマ・モナムール(二十四時間の情事)』にも広島の住人として出演している。原爆について不勉強だったことを正直に反省する教師役で、授業中に生徒たちが本を回しているのに気づくが、その本がドイツの青年がアメリカの原爆投下を有色人種に対する差別があると批判する『僕らはごめんだ』であるとわかると、黙って次の生徒に本を渡すシーンがいい。

　この映画は1953年に完成するが、予定していた配給会社が占領軍に気兼ねしてか、アメリカ批判のところをカットするように要求し、監督が断ったため一般公開はされず、自主上映の形で全国をまわっていたという。監督補佐だった小林太平の息子の一平氏がプロデュースして、2010年に秋から各地で自主上映され、ようやく一般公開されることになった。一平氏もなくなり、今は太平の孫が上映活動の中心になっている。これもすごい話である。

　音楽は『ゴジラ』(1954年)の伊福部昭である。

いしぶみ

その朝、広島二中1年生は
エノラゲイと向かいあった。

是枝裕和監督作品
2016年　日本　85分

ドキュメンタリー

　　静かな音楽が流れるなか、舞台背景画を背に白いブラウス姿の女性が1人座っている。「いしぶみ」とタイトルが出る。背景画はあの日の雲か。女性は俳優の綾瀬はるかだ。綾瀬は前方を見回し、本を開ける。
　「昭和20年8月6日。日の出は午前5時24分、朝から暑い夏の日でした」と朗読が始まる。
　読む本は『いしぶみ―広島二中1年生全滅の記録』（ポプラ社）。この本は、1969年に放送された広島テレビ制作の「碑」の草稿をもとに、プロデューサーの薄田純一郎が編集したもの。「広島はまだ昔の城下町のたたずまいを残して静かな毎日でした」と、冒頭の一節を、ネックレスもイヤリングもつけない綾瀬はるかが読んだところで、綾瀬は左に首を向ける。男の子の写真に明かりがつく。「六学級の中川雅司くんは、おそくなるのにいつまでもぐずぐずしていて、出かけようとしませんでした。心配したお母さんにせかされて、ようやく家を出たのですが、すぐ引き返してきて、水道の水をおいしそうに飲むと、とんで出ました。これがお母さんが、生きている中川くんを見た最後でした」。
　名札だけが出る子どももいる。写真も残っていなかったのだろう。
　広島二中1年生は建物疎開の後片づけのため、本川（太田川）の土手に集合する。本川を背にして東に向かう。広島に進入してきたB29エノラゲイと向き合うことになる。
　舞台には綾瀬を中心に木箱が三重円に並べてある。それにかぶせて、本川、集合場所、原爆投下地点の略図が写る。三重円は爆心地からの距離を示して

146

いるのだろう。
「生徒は飛行機を見上げたままでしたから、三学級の森中武俊くんのように、原子爆弾が落ちてくるのを、はっきり見た子もいました」。
瞬間、照明は明るくなり、綾瀬はいぶかしげに上を見上げる。画面は真っ白になる。三重円に並んでいた木箱は乱雑になっている。
「岡田彰久くんは、腰まで土砂に埋まったが、燃える砂を手で掘ってはいでた、と言っています。そのとき砂も燃えたのです」。
——広島二中１年生321人のうち、この一瞬を生き延びたものが何人だったのか知るすべはありませんが、ご遺族の方からこうしていただいた手紙を拝見すると３分の１の子どもがこの一瞬に死んだと思われます。
と、綾瀬が読む。
——当然のことですが、即死した子、家に帰りついたあと亡くなった子どもは手記も書けません。69年の作品は、遺族の方から手紙をいただいて制作されたのです。一家全滅ということもあったでしょう。
トルコの詩人ナーズム・ヒクメットは「死んだ女の子」という作品を書いています。
　　♪とびらをたたくのはあたし／あなたの胸にひびくでしょう／
　　　小さな声が聞こえるでしょう／あたしの姿は見えないの
綾瀬が蓄音機のスイッチを入れると「海ゆかば」の曲が流れる。引き潮から満潮にかわり本川に入った子どもたちは流されていく。死にぎわに「海ゆかば」や「君が代」を歌ったり、「天皇陛下万歳」と叫んだ子もいたという。軍国主義教育は、「おかあさん」と呼べないように教えこんだのだ。
今回のリメイク版には、池上彰がインタビュアーとして出演している。
弟を探したが、あまりの変わりようにすぐには弟とわからなかったという兄。
当日、栄養失調（かっけ）で医者にかかるため、作業に行かなかった人。東京に行っていたなどで助かった人、５人が生きていたが「贖罪感」があるという。なぜだろう。
舞台装置の木箱は棺のようにも見えるし、本当は勉強をしたかった子どもたちの机のようでもある。
ラスト。朗読中、一度も泣かなかった綾瀬はるかが、左のほうに鋭い視線を向ける。怒りだろうか。

とうもろこしの島

川に中州ができる。老人は種をまく。
洪水で中州は流される。寓話のような作品。

ギオルギ・オヴァシュヴィリ監督作品
2014年　ジョージア・ドイツ・フランス・チェコ・
カザフスタン・ハンガリー
日本公開2016年　100分

物語

　　コーカサス山脈から黒海に流れるエングリ川は、雪解けの季節になると中州をつくり、地元の農民はそこでとうもろこしを育てるそうだ。
　悠々と流れる川に小さな舟が現れる。舟には老人が1人乗っている。老人は中州に舟を停めると、中州に上がり、土を舐める。肥えているかどうかを確かめているのだ。
　翌日から老人は材木を運びこみ、小屋を建て始める。孫娘もやってきて小屋づくりを手伝う。土地を耕し、とうもろこしの種をまく。寝具も運びこみ、川で魚を捕り干物にする。娘は汚れた人形を大事に持っている。
　が、ある日、アブハジア兵士の乗ったボートがやってくる。兵士は老人に話しかけるが、老人は返事もしない。兵士は乱暴なこともせず、行ってしまう。不安になった娘は「ここは誰の土地」と老人に聞く。老人は「耕す者の土地」とぼそりと言う。
　ある日、負傷した若いジョージア兵が中州に上がってくる。老人は何も聞かずに世話をする。若い兵に興味を持った孫娘がちょっかいを出し、2人がたわむれると老人は怒る。そこに若い兵を探索するボートがやってくる。ジョージアとアブハジアは戦争をしているのだ。老人はごくふつうに対応する。ボートの兵隊がワインを所望すればふるまう。その夜、若い兵もいなくなり、中州には老人と孫娘2人の暮らしにもどる。
　とうもろこしの収穫の時期に嵐が来て、洪水が起こる。2人はとうもろこしを舟に積もうとするのだが、中州は水没し、家も押し流されてしまう。
　翌年、雪解けの季節、中州ができる。また別の老人が舟でやってくる。老人は中州の中から汚れた人形を拾う。
　孫娘が大事にしていた人形だ。

4 戦争と平和、沖縄

解説

　寓話のような作品である。大自然の時間の流れに比べれば、人の営みは大した意味を持たないと教えているのだろうか。
　この映画が作られたところは、コーカサス山脈の南の国ジョージア。ジョージアはソビエト連邦の一つだった。1991年にソ連が崩壊し、ジョージア（当時はソ連ふうの呼び方でグルジアと言った）は独立する。が、民族主義が高まり、西部のアブハジア自治共和国が反発し、92年に両者の間で戦争になる。アブハジアに住んでいたジョージア人は迫害され、追い出される。オヴァシュヴィリ監督自身もアブハジアの青年に銃を突きつけられ、逃避行をしたという。
　紛争を一方側からの立場で描いただけなら、政治的なプロパガンダ作品となってしまう。
　作品の中で老人（イリアス・サルマン）はほとんどしゃべらない。誰の土地と孫娘に聞かれると、すかさず「耕す者の土地」と答える。土地の所有権、領土、民族、国といったものを考えると、土地も領土も本当は誰のものでもなく、そこに生きる人たちみんなのものであることがわかってくる。コーカサス山脈から流れてくるエングリ川もみんなのものである。人は川の水に育てられ、川が運んできた肥えた土地を耕してきたのだ。
　この映画の製作には、14か国の人々が関連しているという。編集者は韓国人、カメラマンはイタリア人、脚本はポーランド人とある。老人を演じた俳優はトルコ人、孫娘はジョージアの演技経験のない少女だそうだ。「映画というものが民族、地域に関わらない普遍的なジャンルであることをこのスタイルで示そうとしている」と監督は語っている。
　ちなみに中州は、貯水池に自分たちで島を作ったそうである。ＣＧでやれば簡単なのにと思うが、そこにも監督のこだわりがある。
　ところで、老人の子ども夫妻（つまり女の子の父母）は殺されてしまったのか。女の子は舟に乗って流されるが助かったのか。謎が残る映画だ。

空と風と星の詩人　尹東柱(ユンドンジュ)の生涯

28歳で日本で獄死した詩人の
すがすがしい感性。

イ・ジュニク監督作品
2015年　韓国　日本公開2017年　110分

物語

　警察の取り調べを受けている平沼東柱(ドンジュ)。
　その10年ほど前、村ではキリスト教学校の廃校をめぐって揺れていた。村人に激しくアジっているのは東柱のいとこ宋夢奎(ソンモンギュ)。そこに夢奎の書いた短編小説が新聞に載ったという報が届く。2人とも文学少年なのだ。
　医学部に進学することを望む父と対立しながら、ソウルの専門学校文科に進学した尹東柱(ユン)は夢奎らと雑誌を作る。仲間と文学論争をしたり、文学少女イ・ヨジンレーに出会い、胸をときめかせたりする東柱だが、尊敬する詩人に「(自由に)ものが書けない」と言われ、ショックを受ける。1910年に韓国を併合した日本は、民族運動を圧迫し、言論の自由を抑圧し、朝鮮語の授業を禁止する。そして、創氏改名を39年に公布、40年に施行する。
　どうせ創氏改名させられるなら日本に行こうと、すでに政治活動に熱中していた夢奎は東柱を誘う。
　2人は京都帝国大学を受験する。夢奎は合格するが、東柱は不合格。東柱は立教大学に進む。1941年4月のことだ。
　が、京都も東京も自由の地ではなくなっていた。
　立教大学で知的な女性福田クミと知り合った東柱は、先生の家に招かれ、詩を書いたらと勧められる。東柱の論文が評価されたのだ。東柱はすでに詩作をしていることを話すが、朝鮮語で発表はできないとわかる。
　ある日、授業中に官憲が教室に入ってくる。東柱が軍事教練に参加しなかったからと殴り、髪の毛を切る。抗議する教授に悪罵(あくば)をあびせる。
　東柱は同志社大学に転校する。
　京都では夢奎が日本にいる朝鮮人学生を糾合(きゅうごう)し、独立運動を企てている。立教大学の福田クミが東柱の詩集を英訳して、イギリスで出版しようと努力している。
　夢奎と東柱が逮捕されたのは1943年7月。45年2月に東柱は獄死。夢奎も3月に獄死してしまう。

4 戦争と平和、沖縄

解説　尹東柱はたった1冊の詩集で愛され続けている朝鮮の詩人である。その詩集が編まれ出版される経緯が「伝説」の一つであるのだ。

　尹東柱の蔵書、原稿、日記などは全て日本の公安（当時は特高）に押収されてしまった。が、東柱は自筆詩集「空と風と星と詩」を3冊作ったといわれる。そのうちの1冊を親友が実家の床下で守ったらしい。

　その詩集の序詩の一部を紹介しよう。
　　　　死ぬ日まで空を仰ぎ　一点の恥辱（はじ）なきことを
　　　　葉あいにそよぐ風にも　わたしは心痛んだ
　　　　星をうたう心で　生きとし生けるものをいとおしまねば
　　　　そしてわたしに与えられた道を　歩みゆかねば。
　　　　　　　　　　　　　　　　　　　伊吹郷訳（影書房）

朝鮮のことを憂い、自分に何ができるかを悩んだ詩である。そして、自分の運命を予感していたと思える作品である。

　1938年には国家総動員法が成立、1941年には治安維持法が全面改正、1943年に学徒出陣が始まる。そういう日本になぜ来たのか。夢奎には目的があったとこの映画では描いている。東柱は、夢奎に誘われただけなのか。

　取調べの場面に拷問のシーンは出てこない。監督の配慮なのだろう。東柱は、ポツリポツリと陳述をする。が、自分の尊敬する教授のことをののしられると、懸命に反論する。

　調書に署名することを求められ、夢奎は「日本の劣等感が非合法（のデッチあげをする）。独立運動ができなかったことが悔しくてたまらない。だから、署名してやる」と叫ぶ。東柱は「あなたの話が恥ずかしい」と泣き、調書を破る。

　カン・ハヌルが多感で繊細な青年だったであろう尹東柱を静かに演じている。パク・チョンミンは反日活動家だった宋夢奎を情熱的に演じている。

　尹東柱の詩集の日本語訳は、影書房版（伊吹郷訳）、岩波書店版（金時鐘訳）が手に入りやすい。

もうひとりの息子

赤ちゃんのとりちがえという悲劇。
イスラエルの子と、パレスチナの子。

ロレーヌ・レヴィ監督作品
2012年　日本公開2013年　フランス　105分

物語

　　　　ヨセフは18歳。イスラエル軍の兵役検査を受けに行く。パラシュートに興味があるから空軍に入りたいと言う。
　　　血液検査票を見た両親は困惑してしまう。血液型が一致しないのだ。父親のアロンは検査のまちがいか、一致しないこともあるのだろうと考える。が、医師である母親のオリットはそう考えるのは科学的でないと否定する。と、父親は妻の浮気を疑ったりする。母親は友だちの医師に相談する。「病院で取り違えたのかも」と友人は言う。
　調べた結果は、やはり取り違えだった。91年1月。湾岸戦争で、イラクのスカッド・ミサイルがハイファにも撃ちこまれ、病院が混乱しているときにまちがいが起きたのだった。とりちがえられたのはイスラエルの子とパレスチナの子である。事実が判明し、医師の立合いのもと双方の親4人が面会する。もちろん、4人ともすぐには納得できない。
　そんな折、パリの医大に留学していたもうひとりの息子ヤシンが土産物を持って帰って来る。「子どもには真実を知る権利がある」と、オリットはアロンを説得して、ヨセフに話す。混乱したヨセフは、母親に「ぼくは今でもユダヤ人？」と問う。「ぼくもお腹に爆弾を巻いて自爆するのか」と問う。
　ヤシンの家は「囲まれた村」の中にある。出入りするにはイスラエル兵が見張る検問所を通らなければならない。ヤシンの「母親」オリットは、ヨセフの実の母ライラたちを家に招く。実の母、実の子。ヨセフとヤシンも初めて会う。
　ある日、ヨセフは「壁の中」のライラの家を訪ねる。近所の人に「事実」を知られたくないライラ。気まずい雰囲気になる。
　食事のとき、雰囲気を変えるようにか、ヨセフがアラビア語で歌いだす。ライラも合わせる。ヤシンの兄も歌う。

解説

　私は小学校で家庭科の教員をしていた。日本と世界各地の料理を作ったり、民族衣裳を調べて、その地の人びとの生活を学ぶのが楽しかったのだけど、もう一つのテーマは「家族って何だろう」という問いだった。家族関係で悩んでいる子どもだっている。

　子どもたちは初めは「血縁と同居」と主張するが、いろいろ論議をしていくと「わかっていたと思っていたが、わからなくなった」となり、最後には「家族と思っている者同士が家族」に落ち着く。

　私は1945年生まれだから、まわりにもらいっ子はたくさんいた。親戚同士の養子縁組もあったし、施設からもらわれて来た子もいた。進学や就職、結婚などのとき、健康診断や戸籍謄本でそのことがわかってトラブる家庭もあった。戸籍に入っていなかったという人もいた（小津安二郎監督作品『長屋紳士録』（1947年）には、上野公園の浮浪児を自分の子にしようかといった台詞がある）。

　ウニー・ルコント監督作品『冬の小鳥』（58,59p）、ユン、ローラン・ポアロー共同監督作品『はちみつ色のユン』（2012年）は共に国際養子縁組のことを描いている。

　この作品のヨセフとヤシンは"敵"の子同士である。双方の親4人が面会する。この緊張するシーンを演じた4人の俳優の迫力がすごい。

　ヨセフとヤシン。民族、宗教、言語、国家しかも戦争──これは重いテーマだ。取り違えられたという事実。2人は何を話し合ったのだろう。お互いの18年の歳月。

　それでも2人にはこれからの人生がある。

　イスラエルとパレスチナの関係は悪くなる一方で平和的解決は絶望的と思えるが、この作品を観ていると、民族、国家、戦争を乗り超えることは可能だと思えてくる。村を囲む壁もいつかは崩せるという希望が見えてくる。

　この作品で使われている言語はフランス語、ヘブライ語、アラビア語、英語である。

泥の河

戦争が終わって11年。傷ついた人たち。
その子どもたちも傷ついていた。

小栗康平監督作品
1981年　日本　105分

　　　舞台は1956年の大阪。川岸のうどん屋の少年信雄(朝原靖貴)は橋の上に置き放しになった荷車からくず鉄を盗もうとしていた少年喜一(桜井稔)に声をかける。信ちゃんと喜っちゃんはお互いに気まずいようすで、少し離れて川を見ている。と、喜っちゃんが大きな声で「お化け鯉や」と叫び、川面を指さし、「2人きりの秘密や」と言う。
　喜っちゃんは対岸につながれた宿船に住んでいる。信ちゃんは喜っちゃんの船に遊びに行くが、川に降りる階段の途中でしゃがみこんでしまう。いきなり行くのはと気が引けたのか、何かの気配を感じたのか。信ちゃんに気づいた喜っちゃんは「遊びにきたんか、遊びにきたんやろ」と大喜び。
　渡り板に乗ろうとして転んだ信ちゃんの足を、喜っちゃんのお姉ちゃんの銀子(柴田真生子)が汲み水で洗ってくれる。銀子は「お名前、なんて言うのん」と聞く。信ちゃんは板倉信雄で3年生だと自己紹介する。喜っちゃんも名前は松本喜一で同じ学年だけど、学校には行っていないと言う。船にはもう1人、母親が住んでいるのだけど、顔は出さない。
　ある夜、信ちゃんの親が喜一と銀子を夕食に招いてくれる。銀子は礼儀正しい。喜一は「戦友」を歌う。その間に銀子は新しい服を着せてもらうのだけど、やって来た客が喜一たちの素性をしゃべってしまう。怒ったお父ちゃん(田村高廣)は客を追い出してしまう。が、銀子は何があったかを察してしまい、服を脱いでていねいに畳んで返す。
　楽しみにしていた天神祭。なのにお父ちゃんは姿を隠してしまう。銀子は店の手伝いをする。信ちゃんと喜っちゃんはお金をもらって祭に行くが、喜っちゃんが2人分のお金を落としてしまう。喜っちゃんは船に信ちゃんを連れていき、川ガニに灯油をかけ火をつける。「むごいやろ、むごいやろ」と喜っちゃん。
　信雄はカニを追って船べりを這って、隣の部屋を見てしまう。

154

4 戦争と平和、沖縄

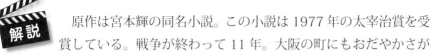

　原作は宮本輝の同名小説。この小説は1977年の太宰治賞を受賞している。戦争が終わって11年。大阪の町にもおだやかさがもどっている。だけど、戦争で傷ついた人の心はなかなかいやされない。川べりで食堂を営むお父ちゃんもその1人だ。お父ちゃんには妻を捨てたこともトラウマとなっている。対岸には腕のいい船頭だった夫を事故で失った母親と子どもの船がたどりつく。母親は売春をしている。そういう現実もある。「むごい」のは喜ちゃんなのか、戦争だったのか。

　映画は小栗康平の第一回監督作品である。撮影が安藤庄平、美術が内藤昭、音楽が毛利蔵人といったスタッフがついた。出演者は戦争で生きのこったのにまだ浮遊しているような父親役に田村高廣、つれ合いを藤田弓子、廓船（くるわぶね）（売春している船）の娼婦を加賀まりこが妖しく美しく演じている。うどん屋でカキ氷を食べながら「中古のトラックを買うから、あの馬は信ちゃんにあげる」と冗談を言った直後に馬車にひかれて死んでしまう男を演じたのは芦屋雁之助。殿山泰司は屋台船の客で、信ちゃんたちにスイカを投げてくれる役だ。

　これだけのスタッフとキャストが集まってくれたのは、小栗康平の人柄のよさと、映画にかける情熱がすごかったからだろう。

　子役3人は大阪での公募者300人の中から選んだという。子どもながら、親の仕事を察してしまった銀子と、喜っちゃんの役を品を失うことなく演じた2人がいい。親の過去に気付いてしまった信ちゃん役もいい。

　これ自体37年前の作品であり、その映画が1956年の大阪を描く。白黒スタンダードの画面が鮮やかである。小栗康平はその後、『伽倻子（かやこ）のために』（1984年）、『死の棘』（1990年）、『眠る男』（1996年）を、2015年には『FOUJITA』を発表している。いずれも力の入った作品だ。

　私は、1945年生まれで東京荒川の近くに住んでいたので、水上生活者をさげすんでいたような気もするし、公園の蛇口が針金で止められ、水上生活者に利用できないようにしていたのも知っている。差別する側に立ったことがあると、映画を観たあとはちょっと辛かった。

蟹工船
かにこうせん

乗った船は奴隷労働の地獄船
原作者は虐殺された。

山村聰監督作品
1953年　日本　112分

物語

「昭和初年の頃　4月上旬函館」とプロットが出る。
　こもやこうりに荷物を入れた男たちが大勢集まっている。女郎屋から出てくる男もいる。菓子やら饅頭を売る女もいる。物売りの女をからかう男もいる。不安げの少年もいる。
　北洋で操業する蟹工船が出向するのだ。博光丸(はっこうまる)の甲板では「また乗ったのか！」「地獄さ行ぐんだで！」「だまされてよ」と笑い合っている男たちもいる。
　船室（船底？）では花札を引く者、酒を飲む者たちが輪になっている。階段には「高級幹部高級船員の外　みだりに昇るべからず」と札がかかっている。監督の浅川が降りてきて「蟹事業はロシアとの競争だ。そのためには大日本帝国海軍の駆逐艦(くちく)が守ってくれている」と演説をする。病人は働かせるなと忠告する医者に向かっては「奴らはブタだ」と言い切る。無線長は警察に追われている男にスパイを強要する。「それとも警察に突き出されたいか」と脅す。
　博光丸と並んで進んでいた蟹工船からＳ・Ｏ・Ｓの無線が入る。船長は救援の指示を出そうとするが、浅川は「余計な寄り道だ」と指示を出させない。ピストルを出して船長を脅す。こうして浅川が独裁者となる。
　苛酷(かこく)な労働に耐えられず隠れてしまった男は、トイレに閉じこめられ、餓死してしまう。
　カムチャッカの漁場に着き、ボート（川崎船(ぶね)）が漁に出る。獲ったカニの足をもぎ、茹(ゆ)でる。監督の浅川は棍棒を持って見回る。
　暴風雨の警報が出ているのに川崎船を出させる。川崎船はもみくちゃにされ、冠水(かんすい)する。海に落ちる者もいる。浅川は「この損害はお前たちの賃金から引く」とどなる。
　過労で倒れる者、暴力をふるわれる者、浅川はいよいよ狂暴になる。
　怒りをつのらせたみんなは仕事をやめ、サボタージュを始める。決起する。

プロレタリア文学作家小林多喜二の小説を、俳優でもある山村聰（そう）が脚本にし、自ら監督した作品。遠洋漁業の実体を生々しく描いている。

カニ、サケ、マスを獲って船内で缶詰めにする工船の労働者は口利き屋に誘われて集まってくるのだけど、多くは東北の小作農家の二男、三男だったようだ。また都市の失業者、生活困窮者である。この作品の中には、船室で自己紹介をし合うシーンがあるが、関東大震災の被災者、事故で炭坑が恐くなった人、だまされた北海道開拓農家の人もいる。

労賃をエサにするのだろうが、実際にはあっせん料、交通費、宿泊費を差し引かれ、さらにいろいろな罰金を課せられるのだから、実際に受け取れるのはわずかだったようだ。

蟹工船は地獄船、海のタコ部屋ともいわれ、過酷な重労働を強いられることは世間で知られていたようだ。小津安二郎監督作品の『出来ごころ』（200p）で、喜八が北洋漁船に乗るといって周囲の者を驚かせたのも、そういう事情をみんなが知っていたからだろう。それでも蟹工船に乗らなければならないほど貧困が広がっていたのだ。

映画にはいい匂いもくさい臭いもただよわない。原作小説には「空気が濁って、臭く、穴全体がそのまま『糞壺（くそつぼ）』だった」とある。山村聰監督のカメラは「糞壺」をリアルに撮っている。俳優たちも演技と思わせないほどの演技をしている。決起したときの熱さが伝わってくる。『戦艦ポチョムキン』は1905年の黒海艦隊の蜂起を描いたエイゼンシュテイン監督の作品だが、私は『蟹工船』とつながっていると思った。

主な出演者は、山村聰、森雅之、日高澄子、中原早苗、花沢徳衛、浜村純である。この作品は2009年には監督SABU、出演者は松田龍平、西島秀俊、高良健吾らでリメイクされている。

著者の小林多喜二は、1933年2月に築地警察署で特高（今の公安）により千枚通し（キリのようなもの）で体を刺されたりして虐殺された。29歳だった。

独裁者

チャップリンが堂々とヒットラー批判をする。
しかも大爆笑の喜劇としてだ。

チャールズ・チャップリン監督作品
1940年　アメリカ　日本公開1960年　124分

物語

　独裁者ヒンケルとユダヤ人の床屋が似ているのは―まったく偶然であると、字幕が出る。
　1918年第一次世界大戦。砲弾が破裂し、機関銃が乱射される中、ドジな兵士が1人いる。彼は重傷を負ったパイロットを助けるが、飛行機は不時着する。2人とも救助されるが、兵士は記憶喪失になる。
　トメニアではヒンケル（チャップリン）が政権をにぎる。が、兵士（チャップリン）は政変を知らなかった。兵士はユダヤ人街の床屋だった。
　ヒンケル総統は集会で大演説をぶつ。何と言っているのかみんなにはわからないので、通訳が適当にラジオ局に送信する。いばったまま退席しようとして、階段から転がり落ちた総統は、怒って腹心の服の勲章をちぎってしまう。
　ユダヤ街では突撃隊がのさばっている。文句を言った洗濯女のハンナは、突撃隊にトマトを投げつける。事情を知らない床屋は窓に書かれた「ＪＥＷ」を消そうとして連行されそうになる。抵抗したため街灯に吊されそうになる。通りがかったのは戦場で助けたパイロットだったシュルツ。今では最高級幹部になっているシュルツは突撃隊に「彼と彼の友だちに手を出すな」と命令する。
　ヒンケルは「ユダヤ人と黒髪を抹殺して、アーリア人だけの国を作らなければならぬ」と思いこみ、隣のオスタリッチに進駐することとした。戦費は富豪のユダヤ人から借りることにし、ユダヤ街での迫害を止める。が、富豪は金を貸さないと答える。ヒンケルはユダヤ人を抹殺すると決める。反対したシュルツは逮捕される。突撃隊はユダヤ街を襲い、シュルツと床屋は連行されてしまう。
　バクテリア国の独裁者ナパロニがオスタリッチ国境に大軍を集結しているという情報が入ってくる。ヒンケルはなんとか撤退させようとナパロニを官邸に招待する。
　床屋とシュルツはトメニア軍の高級将校の制服を盗み、オスタリッチ国に向かう。トメニア軍の将校たちは床屋を総統と思いこみ、大集会で演説を求める。

4 戦争と平和、沖縄

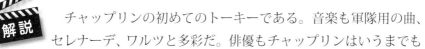

　チャップリンの初めてのトーキーである。音楽も軍隊用の曲、セレナーデ、ワルツと多彩だ。俳優もチャップリンはいうまでもないが、ハンナを演じたポーレット・ゴダード、ヒンケル（ヒットラー）と虚勢を張り合う独裁者ナパロニ（ムッソリーニ）を演じるジャック・オーキーと、名俳優がそろっている。

　最初の戦場シーンから大笑いだ。最新の長距離大型砲を発射させると不発砲弾が犬のウンチのように出てくる。こういうドジな兵士や軍隊ばかりなら、戦争も起こしようがないのに。

　ハンナは２階の窓からフライパンで突撃隊の頭をたたく。ハンナが誤って床屋の頭をたたく。と、床屋はタップダンスを踊りだす。

　側近に「あなたは世界の皇帝になるのです」とそそのかされると、ヒンケルはカーテンによじ登る。地球儀を見入る。と、地球儀は風船になる。ヒンケルは足で蹴ったり頭で突いたり、尻で突いたり。風船はすぐ破れてしまう。狂気の沙汰だ。ファシズムへの皮肉だ。

　床屋がブラームスのハンガリー舞曲に合わせて、カミソリを研ぎ、男のひげを剃る場面もおかしい。

　それにしてもヒットラーが戦争を激化しているときに、これだけの風刺作品を作った勇気には敬意を持たずにはいられない。

　ラスト。六分間の大演説。感動してしまう。そして、ハンナへの愛の告白。

　床屋は演説する。「ユダヤ人も黒人も白人も　人類はお互いに助け合うべきである　他人の幸福を念願として」。そして最後に「ハンナ聞こえるかい　元気をお出し　ごらん　暗い雲が消え去った　太陽がさし始めた　明るい光がさし始めた……」

　演説はラジオで流れる。ハンナも非避難先の村で聞く。

　チャップリンとヒットラーは共に1889年4月生まれで4日違いだ。

　戦後、チャップリンはアメリカの"赤狩り"のターゲットにされ、アメリカを去った。

5

環境とエネルギー問題

あいときぼうのまち

七十年にわたる国の原子力政策。
原発の立地で人々は生きようとしていた。

菅乃廣監督作品
2013年　日本　126分

物語

　戦争中、旧制石川中学の生徒が鉱石を掘っている。ウランを採石しているのだ。「これは軍の機密だ」と、大尉が草野英雄にもらす。
　「原子力　明るい未来のエネルギー」の看板を掲げる町。そこには「骨まで愛してほしいのよ」と流行歌がやかましく流れている。標語を作った少年奥村健次は新聞配達店の息子で、同級生の愛子と恋をしている。愛子の父親英雄は原発に反対している。買収も拒否したため村八分にされる。野菜を買ってくれる人もいない。母親は離婚して家を出る。
　愛子は新聞配達のアルバイトをしているのだが、村八分でクビになってしまう。健次と愛子は漁具小屋で初めて抱き合う。追いつめられた父親は自殺をしてしまう。
　3.11の前だ。怜のおばあちゃん＝愛子（夏樹陽子）はフェイスブックの使い方を怜に教えてもらって、健次（勝野洋）を探しだす。45年の歳月が経っていた。健次と息子は東電で働いていたが、息子はガンで死んだばかり。ガンの原因をめぐり、妻と離婚したと言う。
　援助交際で料金とチップを受け取った怜（千葉美紅）は、男に生徒手帳を見せ、「おじさん、淫行(いんこう)で捕まるよ」と脅して金をせびりとる。
　町角で募金箱を掲げている青年沢田（黒田耕平）は怜にラーメンをおごる。募金は小遣い稼ぎのサギなのだ。なのに、怜もいっしょに義損金集めをする。通行人に「そのお金どこに行くの」ときかれると、怜は悪びれもせず「私が食べます」と答える。「サギじゃないの」と言われると、「原発事故で家族はバラバラ。学校でも1人だけ、机を離されて」と身の上のことを明かす。同情した通行人が1万円札を渡すと、2人はその金で中華料理を豪勢に食べにいく。
　四世代にわたる一家は何に翻弄(ほんろう)されてきたのだろう。

5 環境とエネルギー問題

解説

　私は地震、津波、原発爆発の被災者ではない。心を傷めた1人として、ささやかな運動をしている。私の心のどこかに、被災者は清く正しく、つつましく健気であってほしいという気持ちがある。押しつけがましい。

　この作品の評価は賛否分かれるだろう。それも圧倒的に否定されるだろう。マンガ『美味しんぼ』（雁屋哲、花咲アキラ　小学館）が放射能の影響を描いたとき、福島県や大阪府の行政から圧力がかかり、環境大臣や復興大臣までが憲法に保障されている「表現の自由」に抵触するような発言をしたことを思うと、この作品もバッシングを受けることもあるだろう。

　製作サイドからの情報では、出演依頼をしても断ってくる俳優が多かったという。この作品だからではなく、原発爆発を描く作品を避けようとするのだ。これが日本の芸能人だ。なさけない。

　菅乃監督は挑発的ですらある。「骨まで愛して」の歌は、放射能は骨を蝕（むしば）むことへの揶揄（やゆ）だろう。漁具小屋で16歳の2人が結ばれるときに「なんか『潮騒』みたいだな。お前、吉永小百合じゃねぇし、オレ、浜田光夫じゃねぇし」とテレかくしに健次が言う。64年日活版『潮騒』である。あの時代、すでに原発用地の買収が行われていたのだ。電力会社の札束攻勢と政治家、地域ボスの利益獲得の策動が日本の各地で行われていたのだ。反対する者は村八分。そんな時代に清く美しくたくましくはむりだ。援助交際（売春）や義損金サギ。「そんなことを被災者はしない。福島県民への侮辱（ぶじょく）だ」と怒る声が聞こえてきそうだ。だから、私はこの作品を勧める。若い人たちに現実を見抜く力を持ってほしいと思う。

　菅乃監督の父親は福島第一原発で働いていて奇病で死んだという。

　大島渚監督の『愛と希望の街』（1959年、松竹大船）はもともと「鳩を売る少年」だったが、会社の圧力でタイトル変更になったそうだ。この作品は大島渚へのオマージュであり、「東電とケンカをするような映画を作りたい」と言っていたという映画監督若松孝二への追悼でもある。

163

オリーブの樹は呼んでいる

おじいちゃんの大事なオリーブが売られた。
孫娘が取り返しに行く。

イシアル・ボジャイン監督作品
2016年　スペイン　日本公開2017年　99分

物語

　　　養鶏場。ヒナと若鶏がいっぱい。アルマ（アンナ・カスティーリョ）が世話をしている。
　　　オリーブの大木が並んでいる畑。おじいさんがぽつねんとしている。
　村の人が「ここのオリーブはローマ人が植えたらしい」と話している。
　樹齢2000年のオリーブの大木には、大好きなおじいさんとの思い出がたくさんある。それなのに父親は、「家計のためだ。3万ユーロで売ろう。安もののオイルが出回っていて、高価なオリーブは誰も買わない。これが現実だ」と仲介人といっしょに言う。おじいさんは「先祖の代からずっと、親から子へ託されてきた神聖な樹を金で売買などできん」と怒る。
　伐採の日、アルマは樹に登って抵抗する。おじいさんはこの時からしゃべらなくなる。
　数年経ち、おじいさんは衰弱し、何も食べなくなる。
　アルマはオリーブの樹を取りもどそうと思いつく。そうすればおじいさんが元気になると思った。
　インターネットなどで調べて、樹がドイツのデュッセルドルフの大企業にあることがわかる。が、アルマたちが住んでいる、スペインの地中海寄りのバレンシア地方の村から1600km以上離れている。おまけにオリーブの樹は14tの重さだ。
　アルマは、おじさんと同僚ラファにうその手紙を見せる。ドイツの教会の牧師の名前で「この木を育てた人に返還します」とある。
　ラファには勤務先からクレーン付きの大型トラックを無断で持ち出させる。おじさんには運転をしてもらう。
　3人はオリーブの樹を取り返せるのか。

5 環境とエネルギー問題

解説

　脚本のポール・ラヴァーティは、ケン・ローチ監督と組んで『マイ・ネーム・イズ・ジョー』（1998年）、『麦の穂をゆらす風』（2006年）、『天使の分け前』（2012年）などの脚本を書いている。

　監督のイシアル・ボジャインは女優としてビクトル・エリセ監督作品『エル・スール』（1983年）、ケン・ローチ監督作品『大地と自由』（1995年）に出演している。

　この作品にはいくつかの対比がある。すぐ出荷されてしまう若鶏とオリーブの大木、スペインの農村とドイツの工業都市。金という欲望と大木を神聖とあがめる精神。

　これらの対比をどちらが正しいかという追求でなく、アルマの思いつきという滑稽さを軸にしているところが、脚本家と監督のたくみさだ。おじのアーティチョークは村を出た直後に、金を取り立てに行こうと寄り道をする。相手が留守だとわかると、プールサイドにある「自由の女神」をクレーンで吊るしてトラックに乗せる。ラファは「トラックをすぐ返せ」と言う社長の電話に、「会社を辞めてやる」とどなってしまう短気さだ。

　だいいち、14 t もの大木を素人3人で移植できるものだろうか。アルマの無謀な話におじもラファも気付かなかったのか。うすうすウソとわかっていたのにわざとだまされたのか。

　ドイツの大企業はエネルギー会社である。いわば環境破壊の先鋒のような企業が、平和のシンボルとされるオリーブの木を会社のロビーに飾り、ロゴマークにするというのもウソっぽい。

　アルマの思いつきと行動力に、笑ったりハラハラしたりと、思いっきり楽しめる作品だ。もちろん環境問題も考えたい。

　蛇足。南方熊楠の「神社合祀に関する意見書」（1911年、明治45年）を読むと、合祀して、廃社になったところの神木を売ることができる。そのために、合祀を進めるところが多いと指摘している。熊楠の怒りがすごい（池澤夏樹個人編集・日本文学全集14、河出書房新社刊に収録されている）。

みつばちの大地

みつばちはとってもかわいい。羽音もいい。
はちみつは甘い。そのみつばちが大量死する。

マークス・イムホーフ監督作品
2012年　ドイツ・オーストリア・スイス
日本公開2014年　91分

　「ブンブンブン　ハチがとぶ」という歌を歌ったことがあるでしょう。「クマのプーさん」が蜂蜜大好きなのは、みんな知っているでしょう。
　そのみつばちがこの15年ほどの間に世界のあちらこちらで大量に死んだり、集団で行方不明になったりしている。みつばちがいなくなると、蜂蜜がとれなくなるだけでなく、農作物の受粉ができなくなり、私たちの食料が危うくなってしまう。
　原因をさぐるためイムホーフ監督たちは、スイス、ドイツ、アメリカ、中国の養蜂家たちの話を聞いてまわる。
　スイスの山岳地帯のヤギーは「在来種の黒いみつばち」を飼っている。が、近くの谷の養蜂家の「黄色いみつばち」が迷ってくると言う。ヤギーのみつばちが病気にかかり、殺処分となる。ヤギーは黄色いみつばちのせいだと言う。
　アメリカのミラーは、みつばちの巣箱をトラックに積み、農園から農園に移動する。受粉用にみつばちを貸すのだ。が、農園では農薬を大量に空中散布する。長距離移動でみつばちはストレスをため、病気になったり、寄生虫がついたりしやすくなる。ミラーのみつばちも大量に死ぬ。
　オーストリアのジンガーは女王蜂を人工的に育て、世界中58か国に販売している。こんな仕事もあるのかとびっくりするが、女王蜂を人工的に育てるというのにもおどろく。みつばちの「遺伝子組み換え」のようだ。
　中国のチャン・チャオ・スーの仕事は花粉販売業。すずめが穀物を食べる。そこで文化大革命の時代、国中ですずめ退治をした。何十億羽のすずめが殺

された。と、昆虫が異常に発生した。昆虫も穀物を食べる。そこで大量の殺虫剤をまいた。みつばちも大量に死ぬ。絶滅したところもある。そこで人間の手で果樹の受粉をする。受粉用の花粉が必要になる。そこで花粉販売業が成り立つ。まるで「風が吹けば桶屋がもうかる」のようだ。

アメリカ、アリゾナ州の養蜂家テリーの飼っているみつばちは、ブラジル、サンパウロ大学の実験室から逃げ出したキラービーという種のみつばちだ。サンパウロからアリゾナまでの遠距離移動だ。「凶暴だが、病気にならない。いい蜂蜜をつくる」とテリーは言う。しかし、それはみつばちの生態系を壊すのではないか。

オーストラリアのベア教授とイムホーフ博士は、みつばちの免疫システムを研究している。オーストラリアはみつばちが感染するミツバチヘギイタダニの汚染を受けていない最後の大陸だという。飼育された女王蜂と野性化したみつばちを交配させ、無人島へ運んでいるという。

みつばちの世界も、かわいいではすまなくなっていることがよくわかるドキュメンタリーだ。農薬、長距離移動、感染症といった複合的原因がみつばちの大量死を引き起こしているのだろうが、それらには人間が引き起こしたことによっている部分が大きい。

都市化された地域からはみつばちの好きな植物が減り、山の植樹によってみつばちが蜜を集める木が減ってしまう。その悪しきくり返しを、私たちは考えなくてはいけない。

でも、銀座のビルの屋上でみつばちを飼う人がいたり、国立市や大田区でみつばちを飼っている人がいるという情報もある（国立市の私立学校ではニホンミツバチを飼っているという）。希望はまだあるのだ。

「みつばちの大地」のもう一つの特色は撮影技術にある。みつばちの巣箱の中を撮ったり、みつばちのダンスを撮ったり、交尾の瞬間を撮っている。なるほど、みつばちはこういう姿をしているのか。みつばちの体はこんなに美しかったのかと、生命の美に私は感動してしまう。

蜂蜜をトーストにぬりながら、この蜜を集めたはちは、どこの山野を飛んでいたのかと想像するのも楽しい。

種まきうさぎ フクシマに向き合う青春

福島の高校生4人が「福島の現実を知って」と朗読劇のグループを作った。

森康行監督作品
2015年　日本　87分

ドキュメンタリー

「種まきうさぎ」とは、雪解けの頃、吾妻小富士の山腹に現れる雪渓だそうだ。農家の人たちはこの「うさぎ」を見て種まきを始めるという。

原子力発電所の爆発のあと、福島の女子高校生4人が、福島のことを知ってもらおうと、朗読劇のグループ「たねまきうさぎ」を結成した。

4人は、高知の高校生たちが作っている幡多ゼミに招かれて四万十市に行く。幡多高校生ゼミは、1985年に高知などの被曝者から聞き取り調査を行い、アメリカのビキニでの核実験の被害をこうむったのは第五福龍丸だけでなく、のべ千隻以上になることを明らかにしている。映画『放射線を浴びた[X年後]』(180,181p) 制作のきっかけにもなっている調査である。

今回のゼミの学習会で、元東京電力の社員だった木村俊雄さんが「核廃棄物を作っていることに疑問をもって、2000年に退職した」「大隈町を原発事故で追われて土佐清水に移住して、まきを割り、畑を作り、エネルギーを自給自足している。この生活は生きる行為そのもの」と語る。聞いている高校生の目が真剣だ。

交流会で福島の高校生は「住みつづけて体に影響が出てくると考えるとこわい」「避難のことを母と話し合ったが、友だちと別れるのも嫌だし、ずっと住んでいたところだから」「転校したら放射線まみれだからもっと手をよく洗えと言われた」などと語り、「福島に来て、私たちの暮らし、放射能事故の現実を見てほしい」と結ぶ。

公民館での朗読会のあとは食事会。猪汁、甘くておいしいトマト、裏山で採れた筍で食事を地域の人が作ってくれる。ゼミの高校生たちもブリを丸々

5 環境とエネルギー問題

1本さばいた刺身、もちつきをして作ったあんころもちを用意する。ギターのミニ・ライブもある。

招待した側のお母さんが「大人になってもいつでもおいで」と言ってくれる。うれしい。

ナレーター（大竹しのぶ）が「久しぶりに胸いっぱいに空気の吸える高知の旅でした」と結ぶ。本当にゆっくり解放感を味わえただろうなと観ていて目が熱くなる。

大学に進んだ長島楓は、「向き合うことに正直疲れていた時期」に「マーシャルでの実践的調査研究」というプログラムに応募する。マーシャルでは水爆ブラボー実験から60年ということで、いろいろな催しがあった。長島は福島のことを報告したとき、現地のジャーナリスト、ギフ・ジョンソンに「これから何をしたいのか」と問われて、とまどう。

日本では被害者としての体験を語り、問われるだけなのに。

大隈町出身の高橋恵子は、メッセージ・ボードに「ウイ・アー・サバイバー」と書く。困難を切り開いて生きていく人々なのだ。帰ってから高橋は大学で平和学を学んでいる人たちを被災地に案内する。壊れたままの富岡駅、130頭の牛を飼っていた人の話を聞く。

2013年には「たねまきうさぎ」のグループは全国の高校生に呼びかけて集会を開く。南相馬市小高地区で農業を営んでいた人、魚を捕れない漁師たち。でも彼らは言う。「一つ一つの課題をあきらめずにやることでぼくらは生きられる可能性を見つける」と。長島楓も発言する。「ギフ・ジョンソン（マーシャル諸島の新聞記者）にこれから何をしたいのかと行動の面で聞かれた」ことへの回答だ。「長島さん、成長してる」と私はうれしくなった。

2014年の福島の集会には、カザフスタンのセミパラチンスクから広島の高校に留学中の女子生徒も参加している。セミパランスクは旧ソ連の核実験が行われた地域で、今も被害が残る（『わたしの、終わらない旅』178,179p、『草原の実験』182,183p）。彼女は「将来の夢は医者になること」、「被害に遭った子どもたちを救いたい」と言う。民族衣装で彼女は、めでたい席で踊るダンスを披露する。

高校生たちも種をまいているのだと、私は励まされた。感動的な作品である。

水になった村

ダム湖に沈んでしまう村で
ジジババたちはゆったり生きていた。

大西暢夫監督作品
2007年　日本　92分

ドキュメンタリー

　　　バッタが一匹、困ったなあというふうにダム湖の底を動いている。チョロチョロと水が流れて来たのなら、ちょっと横に飛べばいい。が、湖ができるのだから、バッタに逃げ場はない。すでに水に浸かってしまった学校のような建物もある。
　ここは岐阜県の旧徳山村。揖斐川(いび)の上流の徳山にダムを造る計画が出てきたのは1957年のこと。今から60年もまえのことで、まだダム神話が信じられていた頃だ。
　ダムを造ると、洪水と水不足が解消する、水の供給が増えるから水田開発ができる、都市の工場の水利が良くなる、人口が増えても大丈夫、発電もできると、いいことづくめの神話だ。56年には佐久間ダムが、57年には小河内ダムが、63年には黒四ダムが完成する。当時小学生だった私は、先生たちから日本の高い技術力がダムを完成させたと教えられ、小河内ダムができたのを記念した切手を買い、黒四ダムの工事でのダイナマイトのことを歌った小林旭の歌う「ダイナマイトが百五十屯」をいい気になってまねていた。
　が、ダムが造られると、湖に沈んでしまう村の人たちはどうするのか、自然破壊は起きないのか、河川の力は弱まらないのかという危惧(きぐ)のことを話す人はいなかったようだ。
　これは、原子力発電の神話が造られていったのとほとんど同じだ。
　徳山ダムに沈む村を写真家の大西暢夫がはじめて訪ねたのは25年前のことのようだ。すでに徳山村の名前は合併で消え、水没世帯466戸は移転契約を結んでいた。みんな引っ越ししたはずだ。それなのに集落にはジジババが

住んでいる。

　「不便な村なのにどうして帰ってきたのか」と大西がきくと、ババの1人じょばあさんは自分を畑を耕し、植えて採った小豆で作ったボタモチを大西にすすめる。「昔は二倍の大きさだった。それを2つも3つも食べた」と笑う。大西も遠慮せずに食べる。また、ある日は山の中にワサビを採りに行く。鎌で草や枝を払いながら、ようやくワサビが自生しているせせらぎに着く。私たちが知っている観光ワサビ田とは違って、大石小石をどけて根を掘り、小さいものはまた植え直して石を乗せる。3年後には大きくなっていると、じょさんは言うが、3年後に採りに来られるかどうかはわからない。

　「徳山ダム建設反対」と叫んでジジババたちは村にいるのではない。山の暮らしは不便ではない。山の風の音は気持ちいい。騒音も聞こえない。誰にも気がねすることなく、ゆったりと自分の時間を楽しめる。

　16kmも離れた集落に住むジジの広瀬司さんは、大西監督に「記念写真を撮ってくれよ」と声をかける。が、「この次、来るときはおらんど」と言う。自分も老いていくが、人がいなくなった山もまた老いていくと言いたいのだろうか。広瀬さんは大西にトチモチを作ってくれる。ここではスローフーズが日常食であり、山は食料庫であり、薬局であり、遊び場なのだ。

　大西はじょさんの家で炊きこみご飯をごちそうになる。5合のご飯を2人は昼食1回でたいらげてしまう。ジジババは大西のことを息子か孫のように思っているようで、そういう関係を作り出してしまうのが、大西監督のすごいところだ。

　でも、広瀬司さんの葬儀があり、じょさんの家の解体が迫ったりして、徳山にも最後の時が来てしまう。解体の重機の大きな爪が迫って来るのを、大西監督は家の中から撮っている。外では、じょさんが「情けない」と泣き出しそうになりながら、手を合わせている。

　試験湛水が始まったのは、2006年9月26日だ。

　こうやって村は消された。

　大西監督は写真絵本『おばあさんは木になった』(ポプラ社)も刊行している。

　大西監督がこの映画を撮ろうと思ったのは中2の時、学校の体育館で上映された神山征二郎監督作品『ふるさと』(1983年)を観て衝撃を受けたからだそうだ。

天に栄える村

耕作放棄の田を村人が共同作業で蘇らせた。
そこに放射能が降って来た。

原村政樹監督作品
2013年　日本　106分

　　　　　福島県天栄村。人口 6000 人ほどの小さな村。里山に囲まれている美しい村だ。
　2009 年 4 月。村人が集って、耕作放棄の田を蘇らせようと相談している。耕作者の高齢化、離村などで耕作されなくなった田畑は日本中に拡がっている。この田も持ち主が東京に移住したため放棄されたままだったそうだ。
　「新しく田を造るのと同じくらい手間がかかる」と言いながら、重機も使い雑木を切り、草を刈る村人。正しくは「天栄米栽培研究会」は 2007 年に発足した。完全無農薬で化学肥料は使わない。
　この年の夏は長雨で寒い。恐れていたいもち病が大発生する。農薬を撒けばおさえられるけど、それはしない。そこで、いわしを発酵させた液を撒いて、イネに力を持たせることにした。これがうまくいった。
　田の光景は美しい。せせらぎ、そよぐ風、せみの声。イネの開花をカメラは撮る。
　10 月。購入者も手伝いに来る。村の小学生もイネ刈りに来る。イネを束ねて干す。実りの秋だ。この米は全国「米・食味分析鑑定コンクール」で金賞を受ける。4 年連続の金賞だ。大喜びする会員たち。
　天栄米栽培研究会は米作りの一方で、消費者と「顔の見える関係」を作ってきた。売るだけ買うだけでなく、食べる人にも米作りに参加してもらう。食べる人にとっては"ふるさと"ができたようになり、心がいやされる。
　原村監督は 2009 年の天栄米栽培研究会の活動を追ったドキュメンタリーを「よみがえれ　里山の米作り」として NHK・ETV 特集で 2010 年 1 月に発表した。

5　環境とエネルギー問題

　ところが2011年3月の原発爆発である。70km離れた天栄村にも放射能が降って来た。雪の田でメンバーが手にした測定器には5.36マイクロシーベルト／時間の数値が出る。「なんで？」と愕然とするメンバー。
　「農家を続けられないか」と苦しみながらメンバーは話し合う。「食味を取るか、安全を取るか」「安全を取るしかない。食味は二の次だ」「放射能汚染をゼロにしたい」と。重い表情のメンバー。観ている私も泣きたくなる。
　村の産業振興課長の吉成は、カリウム、ゼオライトを撒くことで放射性セシウムを吸着できるとの情報を得る。が、どのくらい撒けばいいのかがわからない。
　岡野は南相馬市の小野田に会いに行く。小野田は五重苦だと言い「がんばれ、がんばれって、これ以上がんばりようがないよ」とつぶやく。その小野田は翌月、天栄村に来て、田にイネが育っているのを見て喜ぶ。天栄村の人たちの努力は他の地域の農業者を励ましているのだ。
　顔料プルシアンブルーで放射性物質を取り除けるかも知れないと情報が入る。が1α当たり1万円の費用がかかる。これでは採算が取れない。粘土に付いたものは吸収できないなどの問題も出てくる。でも、会では散布することに決める。
　緑の田に青い霧。科学的な情報を得たら、とにかく実施してみる。判断力と行動力。観ている私もかたずを呑む思いだ。
　結果は、放射性物質は未検出。
　米・食味分析鑑定コンクールで、またもや金賞を獲得。メンバーは感涙にむせただろう。
　ところが、天栄米は売れない。漢方未来米は「まったく売れない」。
　米は未検出だというが、測定方法は正しいのか。田を除染しても、風が吹けば山や森から放射性物質が落ちてくるのではないか。
　原発爆発直後からの政府の情報操作、マスコミの情報の偏りを人々は知っている。
　風評被害というが不安があれば人々は購入しないし、食べない。
　そこで、吉成課長たちは、天栄米の安全性を説明するために動き出す。
　「山を殺すな　人を殺すな」という田中正造の言葉が出てくる。足尾鉱毒事件に学ぶことは今でも多い。(『赤貧洗うがごとき』190,191p)
　作品の後半は『原発事故に立ち向かうコメ農家』としてNHK・ETV特集で2011年12月に放送されている。足かけ3年の仕事である。
　原村監督は『海女のリャンさん』(2005年)、『いのち耕す人々』(2008年)、『里山っ子たち』(2009年)などの作品を作っている。

ナージャの村

チェルノブイリ原発爆発。
風下の村の人々は春には種をまく。

本橋成一監督作品
1997年　日本・ベラルーシ共和国　118分

　　りんごの木に登り、実を下にいる母親に投げ落とす少女。農家の庭で煮炊きをする母親、鶏がいる、縄とびをする少女。
　小さな川の橋、両岸に大きな木。
　りんごの木の下で勉強する少女たち。カラフルな洗濯物も干してある。
　のどかな、さわやかな村の生活と思ってしまいそうだ。
　が、学校に子どもがいない。教室の中は荒れている。黒板には「さよなら私の村の学校」と書いてある。荒れてしまったのは学校だけではない。壊れた家。草ぼうぼうのバス停、くずれそうな郵便局。
　ベラルーシ共和国ドゥチチ村。かつては300世帯が住んでいたこの村に、チェルノブイリ原発爆発の放射性物質が降りそそいだ。1986年4月26日のことだ。
　立入禁止区域になってしまい、今では6世帯15人が暮らすだけのこの村に、8歳のナージャがいる。教育を受けさせなくてはと、両親は引っ越しを考える。
　この地域はダンスのポルカ発祥の地だそうだ。民族衣装の人々が広場に集り、アコーディオンが鳴り出す。太ったおばあさんたちが草の上をゴロゴロと転がる。楽しそうに踊っている人たち。
　ナージャたちは結局チェチェリスクに引越すことになったが、父親は1人村に残ることにする。夜、家族のいなくなった家で、父親は泣き出す。
　核は家族を分裂させる。
　ナージャは姉スベータの友だちの結婚式に出かける。初めての結婚パーテ

ィーでナージャはとまどっているようだ。

　村の男が言う、「大戦でナチスに 10 数万人が殺された。今度の奴は村を消してしまった」。核は村を分裂させ、消滅させてしまうのだ。

　村にはおもしろいキャラクターの人がいる。ソ連の抒情詩人エセーニンの詩を唱えるニコライ。自分のところでサマゴン（ウォッカ）を作るクルチン。

　廃屋の屋根をはがして稼いでいるボクサーは、自分の母親の一周忌を忘れていて村人にせき立てられ墓そうじに行く。墓地には新しい墓が増えている。誰かがつぶやく「みんな死んで村に帰って来た」。

　チャイコは友人にたのんでジャガイモを息子のところに届けてもらう。が、道路は閉鎖されている。遮断器の側には警官の小屋があり、見張っている。チャイコが遮断器の手前にジャガイモを運ぶ。遮断器の向かい側にトラックがとまっている。堂々と密貿易をしているみたいだが、警官も黙認している。

　1 月にはナージャのおじいさんが亡くなり、棺が来た。ナージャも棺を迎える。老いたチャイコバーバーが「暖かくなったら、種をまこう、苗を植えよう」と歌うようにいう。

　チェルノブイリ原発から 160km ほど離れたこの小さな村に残った人々の生活を、本橋成一は美しくやさしく撮っている。本橋は写真家である。本橋の写真には生活している人々がいる。第 1 写真集『炭鉱〈ヤマ〉』（現代書館 1968 年）は石炭を掘る人々が生きている。第 22 写真集『築地魚河岸ひとの町』（朝日新聞出版再刊　2016 年）には人々のおしゃべり、景気のいい市場の力強さがあふれている。

　その本橋は 1991 年から 3 年半にわたってチェルノブイリ原発爆発による放射能汚染地域で写真を撮る。『無限抱擁』（青林堂出版）を出版するのが 1995 年。

　本橋は写真集でもこの映画でも、原発爆発のことを声高（こわだか）に語ってはいない。強制移動に従わずに自分の土地に帰ってきたり、出ていかない人々を現地では「サマショール」（頑固者、わがまま）というらしい。本橋はその人たちをやさしく撮る。

　小さな川の橋。両側の木。美しい風景画のようでさえある。ゆったりと流れる時間。馬がひく荷車。種まく人。

　この生活をけしてしまう原発。怒りがふつふつと沸いてくる。

おクジラさま　ふたつの正義の物語

クジラを捕って食べるのは伝統だ。
クジラを殺すのはやめろ。

佐々木芽生(めぐみ)監督作品
2017年　日本・アメリカ　97分

ドキュメンタリー

　クジラの商業捕獲は1982年から国際会議で禁止が決議された。ところが日本は調査のための捕鯨と称してクジラを捕り続けている。殺さなくても調査はできると批判が出る。環境保護団体のグリーンピースは捕獲阻止行動をしている。日本は経済援助と称して多額の金を外国の政府に渡し、捕鯨禁止をやめるようにはたらきかけているという指摘もある。

　日本は南極海だけでなく、日本の沿岸でもクジラを捕っている。特にイルカの追いこみ漁は大量のイルカを捕え、水族館に売れそうな個体以外はその場で殺してしまうという残虐なやり方で、日本の環境保護団体から批判の声があがっていた。外国のグループからの批判もあった。

　追いこみ漁をしている一つの和歌山県の太地に、アメリカのドキュメント作家たちが訪れて取材し、撮影した『ザ・コーヴ』(アメリカ、2009年) が公開されると異様な事態となる。撮影の時から警察がつきまとい、コーヴ(入り江) が見渡せる場所は立ち入り禁止となり、漁師たちは撮影妨害と思える行動をとる。その様子もクルーは撮影する。公開される前から、捕鯨に反対する映画だと日本の民族主義派が上映妨害行動をとる。私が観たときは(上映2日目だった)入口に警察官2人、会場の最前列はテープが張られ、客席にはガードマンが数人。うすく照明をつけたままの上映だった。

　1964年にテレビ番組で大人気を集めた「フリッパー」に出演していたイルカが胃潰瘍(いかいよう)になり、"フリッパー" が自殺したことを調教師が告白する。水族館のイルカを解放しようという運動が外国では起きている。それなのに太地では追いこんだイルカを突き、苦しみもだえるイルカを手鉤で船に引き上

げる。血で汚れる海。はんぱではない。

　イルカ肉は水銀値が高い。それなのに日本の学校給食にイルカ肉を使うようはたらきかける人たちもいる。太地の町会議員の中には給食に使うことに反対し、町長も水俣病の研究者を招いて調査をしてもらう。発症している人はいないが、数値はかなり高い。町は太地のイルカ肉ではなく、外国からの輸入クジラ肉を使うことにする。

　映画『ザ・コーヴ』は2010年アカデミー賞を受賞するなど海外でも大きな反響を呼ぶ。そして環境保護団体のメンバーが太地に押しかける。人口3000人ほどの小さな町に、右翼の人たちもやって来て、大さわぎになる。

　2015年には『ビハインド・ザ・コーヴ』(八木景子監督作品)が作られ、「映像の借りは映像でかえす」「日本の食文化はなぜターゲットにされたのか」と対立を煽りたてる。この作品には「なぜ『ザ・コーヴ』が大きな反響を呼んだのか」という問いもない。だから、これからどうするのかという方向性もない。

　大騒ぎになっている太地に解決の糸道を探ろうと、佐々木芽生監督は出かける。2010年4月のことである。くじら祭では子どもたちが舞台で踊っている。クジラ料理がふるまわれている。

　シーシェパードのメンバーがインターネットで情報を流し、反捕鯨の外国人が集まってくる。マスコミもたくさん来る。警察も動き回る。海上保安庁も来る。たどたどしい英語で叫んでいる右翼の街宣車も走り回る（原稿を英訳してもらって、カタカナで書き、読んでいると本人が笑って説明しているのがおかしい）。一触即発といった雰囲気である。

　シーシェパードは「金を払うから（捕らえた）ハナゴンドウを解放してくれ」と提案してくる。太地の漁師たちは断る。

　佐々木監督は、"ふたつの正義"がお互いに「自分たちが正しい」と言い張っていると考える。そして、グローバル化の問題を重ねる。日本の環境保護団体の佐久間淳子さんはインタビューに対し「日本人のほとんどはクジラを食べない。外国の人に言われるから反発して捕鯨を守れと言っている」と指摘する。正鵠を射た発言だ。

　徳川五代将軍・綱吉の「生類憐れみの令」を当時の人たちは「お犬さま」と揶揄した。「おクジラさま」では佐々木監督1人が仲裁に入っているようであるが、日本政府への批判はなされていない。だから揶揄になっていない。

わたしの、終わらない旅

姉から母へ、母から娘へ。
プライベート・フイルムのようだけど、
追及の手は厳しい。

坂田雅子監督作品
2014年　日本　78分

ドキュメンタリー

　坂田雅子監督は連れ合いのグレッグ・デイビスをガンで失くしている。彼はベトナムに行っている。アメリカ軍がベトナムでまいた枯葉剤のダイオキシンを浴びたことがガンの原因ではないかと追及する。その記録映画『花はどこへいった』を2007年に発表する。続けて2011年NHK・ETV特集「枯葉剤の傷跡を見つめて〜アメリカ・ベトナム次世代からの問いかけ」を制作、同年映画『沈黙の春を生きて』を発表している。

　枯葉剤の被害はベトナムの人たちだけでなく、アメリカ軍の兵士にも被害を与え、子どもたちにも影響を与えていた。しかし、アメリカ政府は枯葉剤とガンの因果関係を認めていない。私たちがそれを立証するのは困難だと坂田監督は言う。

　これは福島原発の爆発事故と予想されるガン多発の関係に通じているのではないか。子の代、孫の代になったとき、障がいが表われたとして、どのように因果関係を立証できるだろうか。

　さて、坂田監督の第3作『わたしの、終わらない旅』の試写会に、私は参加した。試写会ではふつう「新作完成おめでとうございます」と挨拶する。でも、この作品に「おめでとう」はふさわしくない。

　作品は、福島県浪江町の風景から始まる。福島第一原発をカメラは撮る。

　次のシーンは長野県須坂市で薬局を営んでいた坂田監督の母が出していたガリ版刷りの通信「聞いて下さい」のことだ。「聞いて下さい」の第1号は77年5月。100枚のチラシを駅前で配っていたという。

　坂田監督の姉は英仏海峡の小さな島で夫と子どもと暮らしている。対岸は

5 環境とエネルギー問題

　フランスのラ・アーグ半島。そこに再処理工場がある。汚染水が流されていることを危惧(きぐ)した姉は須坂の母に「日本ではこういう事を知っているのでしょうか。どう考えているのでしょうか」と訴えてくる。訴えに母は応じたのだ。
　89年になくなった母の意志を継いだ監督は、カメラと三脚を担いで姉の住む島に行く。ガンジー島の人たちは「村々にはプラネタリウムがある」「オリンピック（規格）のプールも道路もある」と自慢する。原発マネーが出ているのだ。半減期2万4千年といわれるプルトニウムをガラス固体に、なんと、手で詰めている。ラ・アーグの海水は北欧にまで流れていることを坂田は説明する。
　次に、監督はビキニ島から600kmくらい離れたキリ島に渡る。ビキニ島で核実験を行うために、ビキニ住民が移住させられた島だ。
　詩人の向井孝(むかいこう)は1955年に「ビキニ追われて」を発表している。その中で、「キリ島は人が住めない無人島だ／みんなが餓鬼島と呼んでいるところだ／まわりの海は、牙のような波がいつも騒いでいる／1年のうち7ヶ月も舟が出されない／島全体がとげのある草と石ころだけだ／キリ島はうえじにの島、牢屋の島だ」と書いている。ビキニ事件は日本でも大きな問題になったが、ビキニ島の住民のことはほとんど知らなかった。
　キリ島には監督の夫グレッグ・ディヴィスも生前にジャーナリストとして取材に行っている。キリ島は今でも船着場がない。マジェロから3ヶ月ぶりにやって来た輸送船は沖合いに停まる。村の人たちはボートを出し、3ヶ月分の食料を1日がかりで運ぶ。坂田はビキニ環礁のエニュー島に渡り、水爆「ブラボー」の発火操置のあった建物に入る。さらに、水爆「ブラボー」の爆心地のクレーター近くにも行く。
　さらに坂田はカザフスタンに飛ぶ。53年に旧ソ連が水爆実験を行ったセミパラチンスクだ。47歳の女性医師は「（障がいを）カザフスタン政府は核実験のせいとは認めない」と言う。クルチャトフ市長は「原爆と原発は違う」と説明する。
　カメラと三脚で真実を追及する坂田監督の親子2代の旅は「終わらない」。
　坂田監督の次作も核がテーマだそうだ（『草原の実験』182,183p）。

放射線を浴びた［X 年後］

高校生がビキニ事件の
もう一つの真実を見つけた。

伊東英朗監督作品
2012年　日本　83分

　　　　　　この作品は公開が2012年のため、福島第一原発の爆発を描いたも
　　　　　　のと思われそうだが、そうではない。
　1954年にアメリカがビキニ環礁で行った水爆実験の「X年後」を描いたものだ。同年3月1日に"ブラボー"（このふざけた名称！）をアメリカは爆発させる。"ブラボー"は広島型原爆の千倍の威力だったといわれている。
　近くで操業していたマグロ漁船第五福龍丸は被曝してしまう。第五福龍丸は焼津港に急いで帰るが、乗組員は全員原爆症になり、無線長の久保山愛吉さんが死亡する。「被曝マグロ」とさわがれ、魚屋、鮨屋が倒産する。原水爆実験を止めさせようと署名運動が全国的に起きた—というのが当時9歳だった私の知っていた「ビキニ事件」だ。
　だから、1955年1月に200万ドル（当時の日本円で7億2千万円）の慰謝料で日米政府が手を打ち「完全な解決」とし、バーターで原子力発電の輸入を決めたことなどは知らなかった。
　この作品の最初のシーンに横須賀市に住む有藤さんが出てくる。もと遠洋マグロ漁船の乗組員で、高知から移住して来たとナレーターが説明する。私は焼津からではないのかと不思議に思った。
　有藤さんが乗っていた高知県室戸船籍の第二幸成丸は、1954年2月24日に横須賀市の浦賀港を出てマーシャルに向い、3月11日から操業していたという。"ロメオ"の実験は3月27日。核実験のことも第五福龍丸のことも知らずに第二幸成丸の乗組員20人は、海水で身体を洗い、米を研ぎ、マグロを喰っていたのだ。4月15日に浦賀港にもどり、築地に入った第二幸成

丸はガイガー・カウンターを突きつけられ、マグロは廃棄処分となる。

「ビキニ事件」は第五福龍丸だけではなかった。船が入ったのも焼津だけではなかったのだ。のべ992隻もが被曝し、漁船だけでなく、貨物船も被曝していたのだ。

このおどろく事実が明らかになったのは、もと高校教員の山下正寿さんと高知県幡多地区の高校生が作った幡多ゼミナールの活動だ。1989年に土佐清水市で放置されていたマグロ漁船を調査すると、セシウムやストロンチウムが検出される。高校生たちは被災者の聞き取り調査もする（高校生相手だから被災者も話したのかもしれない）。

山下さんと幡多ゼミの活動に触発されたのが、南海放送テレビ局ディレクターの伊東英朗だ。伊東も八年間かけて調査をし、インタビューをしている。テレビ局とわかると部屋から出てこない人もいれば、いきなり「土の下に行ってこいや」とののしる人もいる。暴力も受けそうにもなる。が、伊東はその人たちの心情を汲み取る。仏壇のある部屋では撮影用のライトをつけない。礼節をわきまえているのだ。

伊東は室戸漁船船員（生活協同）組合の事務室の資料の中から重大な書類を発見する。金をにぎらされたのは第五福龍丸だけではなかった！

この作品は2012年1月に「ＮＮＮドキュメント」（日本テレビ系列）で全国放送され大きな反響を呼んだ。「南海放送創立60年記念作品」である。地方局は東京、大阪のキー局の番組の中継局になってしまっているといわれるが、地方局だからこそ制作できた番組もたくさんある。

この作品を自主上映会で観た川口美佐さんは、室戸のマグロ漁船の乗組員だった父が若くして亡くなったことを思い出す。「酒の飲みすぎ」といわれていたが、本当は被曝のせいではと真相を調べだす。伊東監督は『放射線を浴びた［Ｘ年後］2』（2015年）を作る。

あの日、日本中に「死の灰」が降ったのだ。

この2本の作品はフクシマのＸ年後も暗示している。

草原の実験

大草原の一軒家。旅に出ることを夢見る少女。
2人の少年は恋のあらそいをする。

アレクサンドル・コット監督作品
2014年　ロシア　日本公開2015年　96分

　　　　ヒツジかブタか。家畜の足を縛って、体を枕にして太った男が昼寝をしている。目を覚ました男はトラックを運転して、大草原を走る。大草原の中の一軒家。

　家には少女が1人。母はいない。が、母親がきちんとした女性だったことは、布のふちどりの刺しゅうなどからわかる。

　ある日、単発の飛行機が玄関先に着く。パイロットは父親に操縦桿(かん)をにぎらせてくれる。父親はゴーグルをかけウハウハだ。

　父親は何の仕事をしているか。毎朝トラックを運転して出かける。娘は部屋で壁にかけた世界地図をながめたり、スクラップブックを見たりして、遠くに行くことを夢見ているらしい。

　少女には幼なじみの少年がいる。少女はときどき父親のトラックの荷台にのって少年に会いに行く。少年は少女に気があるようで、少女を自分の馬に乗せ、散策したあとは家まで送ってくれる。少女は馬に水を飲ませる。水は貴重だ。

　ある日、草原の一本道にバスが止まる。エンジンにトラブルがあったようで、少年が水をもらいに来る。双眼鏡でそのようすを見ていた少女はあわてて隠れてしまう。もちろん戸は閉まっている。井戸には蓋(ふた)がしてあり鍵がかかっている。少年があきらめて帰ろうとすると、少女が出てきて、首からさげた鍵を出す。

　この金髪のロシアの少年は夜またやって来る。少女にスライドを見せる。写っているのは少女だ。こうして2人の間に恋が始まる。

　おもしろくないのは、幼なじみの少年だ。2人はついに決闘するはめになる。

　ところがある夜、軍のトラックがやって来て父親のトラックから何かを探し出す。父親は連行されてしまう。

　少女は家の中にあったライフル銃を探し出し、空に向けて撃つ。

解説

　私たちは草原といっても、すぐ丘や山が見えてしまうくらいの規模のものしか知らない。映画の舞台になっているのはウクライナの草原で、これなら飛行機も着陸できそうだと納得してしまう。もっとも本当に飛行機が来たのか、父親が夢見たのかははっきりしないが。

　父親はいかにもカザフスタンの遊牧民らしく、おおらかだ。一方、少女は「鄙には希な美人」で、清楚だ。酔ってベッドに倒れこんだ父親の靴を脱がせ、足を洗うような少女だ。

　幼なじみの少年は馬を乗りこなすカザフスタン人だ。洗練されていない。少女にプロポーズするために、家に民族衣装で着飾った一族を集め、旗や布を飾り立てたりするから、少女は困ってしまう。

　ロシアの少年はカメラを持っている。少女の関心を引くすべも知っている。この3人は無名の役者だそうだ。少女を演じたエレーナ・アンは撮影当時は高校生で、韓国人の父とロシア人の母の間に生まれた韓国籍の女性だ。

　この作品、じつは全編まったく台詞がない。でも、サイレント映画ではなく、アレクセイ・アイギの音楽が入っている。台詞がないことに私が気づいたのは、40分ほどたってからで、いつ台詞が出てくるのか気になってしまった。これもアレクサンドル・コット監督の「実験」なのだろう。

　映画のラストはあまりにも衝撃的で観ている私たちもそれこそ言葉を失ってしまう。

　が、もう一度見直してみると、あちらこちらに伏線が張られていることに気づいた。軍用トラックの車列が遠くを走っていたり、父親が何か危ない仕事をしているらしいこと、鉄条網が張りめぐらされていることがそれである。その鉄条網は、少女が夢見る遠くには行かれないことを暗示しているのだろう。

　カザフスタンの現状については坂田雅子監督作品『わたしの、終わらない旅』（178,179p）にくわしい。

センス・オブ・ワンダー
レイチェル・カールソンの贈りもの

小さな虫、小さな貝、雨も風も
世界を編むレースなのだ。

小泉修吉監督作品
2001年 日本 107分

ドキュメンタリー

　レイチェル・カーソン（1907—1964）は、海洋生物学者で、著述家でもある。『沈黙の春』（新潮社）で科学物質が撒き続けられたら環境は破壊され、春が来ても鳥も鳴かない、みつばちもブンブン飛ばない春になってしまうだろうという警告をしている。カーソンのこの著作は、化学物質業界の圧力を受け、アメリカ政府までが動きだすという事態を招いた。カーソンの警告は、環境問題に関心を持つ人たちを励ましてくれた。
　そのカーソンはわずか56歳でガンのため亡くなっている。
　カーソンが10数年使っていた別荘が、アメリカ、メイン州ブースベイにある。トウヒやモミの木にかこまれた平屋の建物がそれだ。ＮＰＯレイチェル・カーソン協会の理事であり、『センス・オブ・ワンダー』の日本語翻訳者である上遠恵子が、この別荘に初めて来たのは1980年のことだという。
　そして、1998年に上遠と小泉修吉監督、写真家の森本二太郎の3人が別荘を訪れ、この映画づくりが始まる。
　別荘は、「センス・オブ・ワンダー」のもう1人の主役ともいうべき、レイチェル・カーソンの姪の息子のロジャーが相続していたので好意で貸してもらえたという。1年間かけて、四季折々の中で、「センス・オブ・ワンダー」の世界を味わおうというのだ。
　この映画は不思議な作品だ。ドキュメンタリーなのか、ドラマなのか。上遠の説明と一人ごとのようなつぶやきがまざっている。「センス・オブ・ワンダー」を上遠が朗読するのだけど、その朗読は技巧的でなく、へんな抑揚はない。波の音、風の音、鳥たちのさえずりが効果音である。木や草花、こけ

が舞台装置である。

撮影の堀田泰寛、録音の中山隆匡、スチールの森本二太郎、そして音楽担当の冷水ひとみたちの、名人技のような仕事の結晶がこの作品である。

別荘の窓の下には北大西洋の海。「わー、霧が深い。潮が満ちている。大潮かもしれない」と上遠の声。画面にはフジツボがいっぱいついている岩、波に踊る海藻、藻についた小さな貝が触角を出している。

上遠が語る。

「この本の中で、彼女が言いたかったことは、この世の中、地球上には、いろいろな生き物がいて、それらがお互いに関わりあって生きている。で、言うなれば、生命のレース、そういうものでおおわれている。人間もその一つ、網目の一つにすぎないのだということを言っています。そうした考え方の根底にあるものが、やはりセンス・オブ・ワンダーだと思うのです。センス・オブ・ワンダーという言葉は、自然界の美しさ、不思議さ、神秘さ、そういうものに目を見張る感性という意味ですけれども…」

「むずかしい地球の環境問題の中で、その感性を持つことこそが一つの道ではないか」

上遠が朗読する。

「ある秋の嵐の夜、わたしは1歳8か月になったばかりのロジャーを毛布にくるんで、雨の降る暗闇のなかを海岸におりていきました。（中略）わたしたちは、背中がぞくぞくするような興奮をともにあじわったのです」

レイチェル・カーソンとロジャーのイメージ映像が入る。そして居間で朗読する上遠の姿が写る。

レイチェル・カーソンは「まだほんの幼いころから子どもを荒々しい自然のなかにつれだし、楽しませるということは、おそらく、ありきたりな遊ばせかたではないでしょう。（中略）なにかを教えるためではなく、いっしょに楽しむためなのです」と書いている。子育て書として、読むことができる。

イメージ映像に出てくる子どもはロジャーの下の息子だそうだ。

『センス・オブ・ワンダー』の日本語版は新潮社から出版されている。

魅力的な映画を作ってくれた皆さんに拍手を贈りたい。

サファリ

アフリカのサバンナで猛獣を狩る。
それがスポーツ？

ウルヒト・ザイドル監督作品
2016年　オーストリア　日本公開2018年　90分

　　　　サファリ・ジャケットという服がはやったことがある。アフリカの大地で、猛獣を撃つハンター。かっこいいと思った。
　このドキュメンタリー作品のタイトルを見て、それを思い出した。が、現実はまったく違っていた。
　木の影に見張り小屋がある。中から正面に向かって、ライフルが撃たれる。鋭い銃音。私は身を固くしてしまった。
　日焼け止めクリームを塗っている中年の夫婦が動物の値段を調べている。いくらで売れるか相談しているのか。剥製(はくせい)になった獣(けもの)の首の値段か。
　トラックに乗ってハンターが出かけて行く。獲物を見つけると、気づかれないように近付きチャンスを待つ。三脚のような台座にライフルを置き、撃つ。ヌーが倒れる。ハンターは殺したばかりのヌーに「がんばったな、友よ」と声をかける。いかにも満足といった表情をしている。それからヌーのまわりの草を刈り、ヌーにポーズをつけ、記念撮影だ。
　2人連れのハンターと思ったが、1人は現地人ガイドだった。
　"農場"のオーナーは監督に向かって、堂々と言う。「法を犯していない。みんなが利益を得られる。発展途上国の救済にもなる」。
　客も言う。「殺すんじゃなくて、仕留める」「ヌーを撃って自信をつけてほしい」「はぐれライオンを撃てばみんなのためになる」「病気や年老いた獣を撃てば、繁殖の助けになる」。そして、ライフルの品評をしている。
　ウォーターバックを撃って記念撮影をするハンター。命中させてハグする親子。

キリンを仕留めた夫婦もいる。撃ったのは妻のほうだが、2人は喜びのキスをする。撃たれたキリンは横たわったまま長い首を曲げてもがく。動かなくなったキリンの首を肩にかけて記念撮影。妻は「アトラスみたいだわ」と喜んでいる。

殺したキリンはワイヤーで引き上げてトラックに乗せて持ち帰る。解体するのは現地人の労働者。まず、皮をはぐ。腹を切る。内臓がふくらんで出てくる。肉を切る。働く人たちは汗だらけだ。骨は鋸で切り、オノでたたき切る。ハンターはなにもしない。立ち合いもしない。

現地の人が黙々と肉を食べる。メイドが剥製の首の展示の前に立つシーンがある。メイドもなにも言わない。

"農場"のオーナーはロッジのまわりに肉をまく。イノシシがウロウロしている。つまり餌付けだ。もちろん、そのイノシシもハンティングの的になる。

監督もなにも説明しない。

この映画には対比がたくさんある。ハンターとガイド。快適なロッジと現地人のみすぼらしい家。しゃべる人と黙ったままの人。

私にも「サファリ」がわかったようだ。サバンナで猛獣を探して撃つのではない。ロッジのまわりの"農場"で飼われている草食動物を、ガイドに連れられて撃ちに行く。撃つ動物には値が付いている。最初のシーンで、中年の夫婦が値を調べていたのは、どの動物はいくら払えば撃てるかということだったのだ。

釣り堀で魚を釣る、養殖された川魚を放流された川で釣るのと同じなのだろう。この釣りは入漁料を払うことで合法になる。

サファリも同じだ。金を払って動物を撃つ。やって来るのは金持ちだ。だから国によってはサファリを観光事業として許可している。

"農場"のオーナーにも、ハンターにも平然としゃべらせている監督の聞き出す力はすぐれている。彼らは自分たちの娯楽を正当だと思っているのだ。だから、若い夫婦は死について語り合い「やりたいことはやるべきだ」と言い、オーナーは「人間が増えすぎたことが問題だ」「人間がピラミッドの頂点にいると思うのはまちがいだ」などと自分の哲学を恥ずかしがらずに言うのだ。

ちなみに明かすと、ヌーは615ユーロ、シマウマは3000ユーロ、キリンは3500ユーロだそうだ。おぞましいことだ。

木を植えた男　フレデリック・バック作品集

荒れ地に黙々と木の種を植える男。

<フレデリック・バック作品集・収録作品>
1. アブラカダブラ（1970年／約9分）　2. 神様イノンと火の物語（1972年／約10分）
3. 鳥の誕生（1972年／約10分）　4. イリュージョノ？（1975年／約12分）
5. タラタタ（1977年／約8分）　6. トゥ・リアン（1978年／約11分）
7. クラック！（1981年／約15分）　8. 木を植えた男（1987年／約30分）
9. 大いなる河の流れ（1993年／約24分）
<映像特典>特別インタビュー：フレデリック・バック／高畑勲（日本語版監修）

フレデリック・バック監督作品
「木を植えた男」1987年　フランス　日本公開1988年　30分

物語

○木を植えた男（1987年　30分）

　1913年春フランス・プロヴァンス地方の山深い荒れ地を若い〈わたし〉は歩き続ける。廃墟のような村には水もない。〈わたし〉は1人の羊飼いの老人を見つけ、水を分けてもらい、彼の家に泊めてもらう。夕食のあと、彼はどんぐりをていねいに選り分け、百粒を袋に入れる。

　翌朝、羊飼いは羊を連れて山に行く。杖のような鉄棒で穴をあけ、どんぐりを一粒一粒ていねいに埋めていく。彼はこれまでに10万個を埋め、2万個が芽を出し、半分は動物に食べられたが、1万本が育ったと言う。ブナやカバの種も埋めている。

　第一次世界大戦で従軍した〈わたし〉が再び山岳地帯をおとずれると、柏の林が広がり、カバの木が育ち、枯れた水路に水が流れている。

　自然林といわれるようになり、政府の要人も視察に来るが、1人の老人が木を植えたことを知っている人はいない。（日本語朗読　三國連太郎）

解説

　『木を植えた男』の原作は、フランス・プロヴァンス生まれ（1895年）の作家ジャン・ジオノの同名小説。第二次世界大戦のとき徴兵拒否運動や対独協力容疑で2度逮捕されている。この作品の英訳版は1954年に『ヴォーグ』誌に載り、世界中に広がった。

　木を植えた男・エルゼアール・ブフィエは信念の人といえばいいのか、哲学者といえばいいのか。すぐれた人格者である。

　このDVDには紹介した3編のほかに、カナダの先住民族の民話をもとにした作品や、セント・ローレンス河のもたらす豊かな恵みと、押し

5 環境とエネルギー問題

○アブラカダブラ（1970年　9分）
　傘をさした女の子、花の香りをかぎ、楽しそう。そこに怪しい男が出てきて、太陽を盗んでしまう。花は枯れ、人々も困ってしまう。女の子は太陽を探しに飛行傘につかまって舞っていく。気球型足こぎ飛行機のおじさん、大きな鳥、ヘラジカに聞いてもわからない。
　インディアンの子、アフリカの子と3人で火山にとびこむと、爆発。3人はすすけてしまう。海水につかって、きれいになったところに、中国の子の帆かけ舟が来る。4人で漂っていると激しい雷雨にあう。
　着いた洞穴にあの怪しい男が1人で指揮をしている。男をやっつけ、置いてあったトランクを開けると、太陽が隠してあった。
　太陽は空に戻り、花が咲き、人々に笑いがもどる。（無声）

○神様イノンと火の物語（1972年　10分）
　昔々、人は火を持っていなかった。寒さと恐怖の中で暮らしていた。その頃、人間と動物は話ができたので、いっしょに会議を開いて、神様イノンから火を奪うことを決める。
　最初に人間が行くが、誰も彼も失敗する。クマの夢を手がかりに、タカとビーバーとオオカミが日が沈む山に向かう。途中でオオカミは獲物に気を取られていなくなってしまう。
　山の中に火を見つけるが、ビーバーは雷神の娘たちの矢で射られてしまう。が、死んでない。ビーバーは貝がらに火を入れて運び出す。雷神が怒って追って来る。ビーバーは火を土の中に隠し、タカがおとりになる。
　それ以来、人間が凍えることはなくなった。（日本語字幕）

かけて来たフランス人、ケベックを襲うイギリス艦隊、森林の伐採、河の汚染を描いた「大いなる河の流れ」などの6編も収録されている。
　いろいろな技法で描かれた短編だ。無声のものもある。ナレーションはどれも詩的である。自然と物質文明の対立、享楽と消費というテーマなどの作品だ。そのテーマは高畑勲、宮崎駿も追う。
　「クラック！」には口琴の音が出てくる。アイヌのムックリは竹製だが、ここでは金属製の口琴が使われている。フレデリック・バックが先住民族の文化を大事に考えていることがわかる。

赤貧洗うがごとき　田中正造と野に叫ぶ人々

公害の原点「足尾銅山鉱毒事件」と
村民、田中正造を正しく描く。

池田博穂(ひろほ)監督作品
1996年　日本　2006年公開　97分

ドキュメンタリー

　レイチェル・カーソンの『沈黙の春』（184p）の朗読と紹介から映画は始まる。『沈黙の春』が発表されたのは1962年のことだ。環境汚染の恐ろしさを説くこの作品は広く知られている。

　それより80年も前に、日本でも環境問題を説いていた人がいた。足尾山地を水源として、利根川に合流する渡良瀬川は、豊かな川で沿岸では農業や漁業が盛んだったのに、足尾に銅山ができてからは、山は伐採と亜硫酸ガスのためはげ山になり、保水能力がなくなり、渡良瀬川は何回も洪水を引き起こし、田畑を鉱毒で汚染する。農民は立ち上がる。そのリーダーになったのが「予は下野(しもつけ)の百姓なり」という田中正造で、"明治の義人"とよばれるようになった人物だ。

　一方、足尾銅山を買い取って事業を盛んにしたのは古河市兵衛(ふるかわいちべえ)で、志賀直道(しがなおみち)（小説の神様といわれた志賀直哉の祖父）や渋沢栄一(しぶさわえいいち)が援助し、当時の農商務大臣の陸奥宗光(むつむねみつ)は自分の次男を古河の養子に送りこんでいる。しかも日本は「脱亜入欧(だつあにゅうおう)」「富国強兵(ふこくきょうへい)」政策をとっていた。政治と財閥が癒着(ゆちゃく)している。

　田中正造は50歳で代議士になると、国会で足尾銅山の鉱毒の実体を訴えるが、陸奥宗光は「原因を特定できない」と答えている。自分の次男が古河のところに養子に入っているのだからはぐらかそうとしたのだろう。

　フィクション映画は物語を創ることもある。だが、ドキュメンタリー映画では細部まで正確に描くことが求められる。しかも120年も前のことだ。池田博穂監督は70年代の鉱毒事件関係者へのインタビュー・フィルム、古い写真、文書などを見つけだし、小口一朗の版画を使ったりしている。田中正

造役に石神明治を起用し、ナレーターに湯浅真由美を当てている。なるほど、こうやってドキュメンタリーは作られるのかと感心してしまう。

またこの作品のタイトルは『赤貧洗うがごとき―田中正造と野に叫ぶ人々』である。赤貧に苦しんだのは村の人たちであり、野に叫んだのも村の人たちである。池田監督は田中正造をただ1人を英雄視せずに、村人たちの闘いも描いている。特に女性たちが（当時は金を持たされていなかったのに）カンパをしたり、官庁に押しかけたりしたことを収録している。米田佐代子さんの説明もわかりやすい。

古河側は知事や行政の手を借りて、被害農民から示談書(じだんしょ)を取る。そこには「苦情、訴訟は一切しないこと」などとあった。示談金は雀(すずめ)の涙ほどだったと、研究家の田村秀明さんは説明する。

第2章で池田監督は田中正造の若い頃から国会議員になるまでを紹介している。田中正造が自由・平等・民権の思想の持ち主だったことが良くわかる。

が、時代は日清戦争勃発直前。足尾銅山は増産に次ぐ増産。当然、鉱毒被害もひどくなる。1896（明治29）年、村人は雲龍寺に集会場を設け、東京に押出し（デモ、抗議行動）をかける。農民たちは「鉱毒悲歌(こうどくひいか)」を歌ったようだ。田中正造も国会で質問し、政府を追いつめ、知識人に訴え、社会問題とする。が、事態は良くならず、1901（明治34）年田中正造は議員を辞職し、天皇に直訴する。死を覚悟した行動だったが、直接的な効果はなかった。

が、社会的な反響は大きかった。大勢が足尾鉱毒事件のことを知る。

政府は谷中村を遊水池にして洪水を防ぐという名目で、村民を強制移住させる。なかには、北海道オホーツク海近くの原野に行かされた人たちもいる。

田中正造は1913年に胃ガンで亡くなった。73歳だった。

足尾銅山の鉱毒事件を描いた映画としては『襤褸(らんる)の旗』（吉村公三郎監督作品、1974年）が有名だ。三國連太郎の演技がすごい。

ドキュメンタリー映画『鉱毒悲歌(エレジー)』は1974年から撮影を開始したものの資金切れで中断。1982年に仮完成版を発表し、さらに30年後の2014年に再編集して完成した作品で、サロマベツ原野の人々も撮影されている。制作は「蘇える『鉱毒悲歌』制作委員会（代表谷博之）」。

堀切リエ著『田中正造』（あかね書房　2016年）が読みやすい。

191

にあんちゃん

「たくましい、けなげ」と言ってはいけない。
兄弟姉妹離散の時代の証言。

今村昌平監督作品
1959年　日本　101分

　　　安本家のお葬式。受付のおばあさんの坂田さん（北林谷栄）と青年（小沢昭一）が言い争っている。おばあさんは安本さんに金を貸していたからと、香典から現金を抜き取るのだ。香典の中は金券ばかりだ。
　焼き場には船で渡る。船に乗るのは長兄の喜一（長門裕之）、と長女（松尾嘉代）の2人だけ。2番めの兄のにあんちゃんはいきなり海に飛びこむ。
　若い保健婦堀先生（吉行和子）は1人ではりきって仕事をしている。炭鉱の住宅には水道の蛇口が1つしかない。おむつを洗っている横で、米を研いでいるのを見て「もう1つ蛇口を」とはたらきかける。
　にあんちゃんと末子は坂田さんに米を借りに行く。久しぶりに腹いっぱい食った4人はあおむけになっている。
　借りた米を返すあては、運動会のマラソンの優勝者がもらえる5球スーパーのラジオだ。喜一が出るつもりだ。が、当日は雨。かわりに体育館で演芸大会が開かれる。喜一は炭坑節を歌う。超満員の会場が一体になって合唱する。
　不景気で喜一はクビになる。姉ちゃんも坂田さんの家から帰される（ただ働きだった）。
　映画を観に行こうとした喜一に末子が「理科の教科書代150円がほしい」と言い、にあんちゃんが「出してやれ」と言ったことから、兄弟はとっくみ合いのけんかになってしまう。
　喜一は長崎に働き口を求めて行き、姉は唐津（からつ）の肉屋に働きに行く。末子は栄養失調で4日も学校を休み、そのあげく赤痢にかかってしまう。人員整理（クビ切り）を通告する会社と労働組合の交渉は決裂してしまう。
　東京に働きに行ったにあんちゃんだが、少年だからと帰されてしまう。
　文化会館には映画「オーケストラの少女」のポスターが貼ってある。

192

原作は小学生の安本末子の日記。長男の喜一が末子の日記を「カッパ・ブックス」という新書シリーズを出していた光文社に送り、1957年に出版されたベストセラー。末子は佐賀県東松浦郡の小さな炭鉱で働いていた父の四十五日から日記を付けていた。

　長男は同じ炭鉱で「すいせんボタのさおどり」（水洗いしたボタを運ぶ車を押す）をしているが、「とくべつりんじ（特別臨時工）」なので賃金が少ない。つまり、4人家族の生活を支えられない。傘が1本しかないから「ぬれるくらいなら、学校にいかんでいい」という生活。でも、長男はめげない。演芸大会で「炭坑節」を歌い、みんなの合唱となるシーンでは、見ている私たちもうれしくなってしまう。

　斜陽産業となっていた炭鉱、その中でも佐賀の小さな炭鉱。そこでも差別される在日の人たち。

　北林谷栄が演じている嫌われ者の坂田のばあさんの「朝鮮人のなまった日本語」も印象的だ。子どもの頃、その変な日本語を使う人が近所にいて、私も笑った覚えがある。私自身には差別という意識はなかったが、たしかに差別をしていたのだ。

　今村昌平監督の演出も、貧困と差別を表に出しつつも、人情味をにじませている。殿山泰司が演じる辺見さんは葬式のとき、課長に慰霊金を出してくれと交渉し、桐野先生と堀先生の「この2人も言っていた」と持ちかける。

　遠足のシーンも泣かせる。唐津で末子は姉の働く店に行くが、留守。会いたくてバスに乗らずに待っている。バスが走り出したとき、姉がとび出してくる。窓ガラス越しの会話。

　1954年には炭鉱労働者140万人が失業、1960年には三井炭鉱の大闘争が起きている。（『三池』194,195p、『フラガール』66,67p）

　映画は時代の記録であり、証人である。

三池　終わらない炭鉱(やま)の物語

石炭を掘った男たちと女たちの人生は、
「負の遺産」ではない。

熊谷博子監督作品
2005年 日本　2006年公開　103分

ドキュメンタリー

　石炭って知っていますか。「5億年から2億年前の植物が地下に埋まり、炭化したもの」というと、教科書の説明みたいになってしまいます。石炭を燃やすと、高い火力を得ることができます。この火力で水蒸気を発生させて、機械を動かす、船のエンジンを動かす、機関車を動かしていました。今、人気のあるSLも石炭を燃やしています。家庭ではストーブやこんろの燃料にしました（私が子どもだった頃、家の風呂は石炭で沸かしていました）。
　石炭から不純物を取りのぞいたコークスは製鉄に使われました。石炭は化学繊維にもなっています。合成石油にもなります。日本の近代産業を支えたものといえます。石炭を掘る炭鉱はたくさんありました。『フラガール』(66,67p)は常磐炭鉱が舞台です。夕張メロンの産地・夕張にも大きな炭鉱がありました。「黒いダイヤ」といわれた石炭ですが、石油産業に押されて炭鉱は次々に閉じられていき、今では坑内掘りの炭鉱は日本に一つしかありません。
　このドキュメンタリーは、福岡県大牟田(おおむた)市にあった三池炭鉱のことを描いています。江戸幕府ができるより100年以上前の「文明」の頃に発見された「燃える石」が始まりです。1873（明治6）年に政府の官営炭鉱となり、1889（明治22）年には民間企業に払い下げられ、三井三池炭鉱になります。良質の石炭を産出したのですが、国が石油エネルギーに政策を転換したので、1997（平成9）年には閉山になってしまいます。
　大牟田市はこのあとのまちづくりをどうするのかを話し合うシンポジウムを開きます。そのパネラーの1人として熊谷監督は招かれます。監督が『ふれあうまち向島・オッテンゼン物語』という映画を作っていたことからのようです。

5 環境とエネルギー問題

　1998年初めて大牟田に行った監督は、シンポジウムが始まる前に三池炭鉱の宮原坑に行き、赤煉瓦の建物に入ったとき、「下から働く人の声が聞こえてきたような気がした」と言います。
　映像にして残したいと発言したとき、「負の遺産だから」と言う人がいたそうです。囚人労働、強制連行、捕虜労働、三池争議、大事故と「負」はあります。でも、そこでも生きてきた人たちがいた。その人たちのことを撮りたいと監督は考え、同じ思いを持った市の担当者とともに企画書を提出するが、通らない。また企画書を書き直す。またダメ。3年目にようやく通ったそうです。
　画面には三池港が写る。有明海に出入りする大型船のために、水面を満潮時の高さに保つ閘門（こうもん）がある。石炭を運ぶ列車の専用鉄道を電気機関車が通る。炭坑節で歌われた高い煙突がある。宮原坑の建物を監督の手がなでる。
　宮原坑は修羅坑ともいわれていたという。囚人たちは縄でつながれ三池集治監（刑務所）から歩いて坑まで行ったという。その道は囚徒道（しゅうとみち）といったらしい。子どもの頃に囚徒が通るのを見ていたり、刑期が終わってもそのまま三池に残った人と軽口をたたいたという人も画面に出てくる。
　朝鮮から強制連行された人が壁に書き残した文章も、監督は撮っている。だまされて連れて来られたと、補償を求める中国人のインタビューもある。裁判準備のため大牟田に来ていた本人に偶然会えたという（ドキュメンタリーを作っていると、偶然がよく起きる。監督の熱意が運を呼ぶのだろうか）。
　三池争議は、1959年12月、会社が1278人を指名解雇しようとしたことから起きた。総資本対総労働といわれたこの争議の関係者に監督はズバリと聞く。三池労組副組合長だった久保田武巳さんは「(闘争資金は)20億、(会社側は)220億」と明かす。組合分裂の工作を中心的にした大澤誠一さんは監督が「お金を出したことはありますか」と耳もとで聞くと、しばらく目を泳がせたあと「うん、まったくないといえば嘘（うそ）でしょうから」と答えている。すごい聞き取り術だ。
　1963年の炭じん爆発事故（458人死亡、389人のCO中毒患者が出た）についても女性たちにインタビューしている。
　監督の著書『むかし原発　いま炭鉱』（中央公論新社　2013年）も参考になる。国のエネルギー政策を問う映画と著書だ。

第五福竜丸

マグロ漁船第五福龍丸は
ビキニの水爆実験の死の灰をあびてしまった

新藤兼人監督作品
1959年　日本　109分

　　1954年1月22日に静岡県焼津港から出港したマグロ漁船第五福龍丸はミッドウェー方面に行く。が、不漁で延縄（はえなわ）も半分失くしたので、ビキニ方面に進み、漁をする。が、3月1日に「西から太陽があがった」「バカじゃねえか」とさわいでいると、ごう音が襲ってくる。操業をやめて、船は焼津にもどることにした。無線長久保山愛吉（くぼやまあいきち）（宇野重吉）は「無線は打たないよ。キャッチされると困るから」と言う。
　3月14日に焼津港にもどってくる。乗組員23人はみんな顔がまっ黒。焼津の病院に行き、診断を受けるが、よくわからない。でも、みんな元気で、デートに行く者、飲み屋に押しかける者と、2か月ぶりの帰港を楽しんでいる。ある新聞記者の下宿先では高校生の息子が母親から「福龍がピカドンにあった」と聞き、ビキニの核実験と気づく。
　記者はスクープ記事を書く。マスコミが大挙して押しかける。市・県の行政も大あわて。乗組員にガイガー・カウンターを当てると大きな音がする。町中がパニックになる。
　アメリカからも医者たちがやってくるが、謝罪はせず、乗組員の観察ばかりしている。乗組員の間からは「モルモット扱い」と不満の声もあがる。
　東京の2つの病院に23人は入院する。
　アメリカ側は全員を1人40分ほどの検査したいと要求するが、病院の医師たちは「安静が必要」ときっぱり拒否する。
　病院にテレビのプレゼントがあったり、群馬から子どもたちが見舞いに来てくれたりして、明るさももどってくる。
　久保山愛吉も自分の家族に手紙を書いたりして回復に向かっているのかと思った矢先、急変して亡くなってしまう。
　遺骨と位牌を持った親子に列車に乗り合わせた乗客は次々とていねいにあいさつし、合掌する。

解説

アメリカは、1946年からマーシャル諸島ビキニ環礁・エニウェトク環礁で原爆・水爆の実験を行っていた。1954年3月1日の未明には広島型原爆の1千倍といわれる水爆ブラボーを爆発させた。このとき、操業中だった第五福龍丸は被曝してしまう（乗り組員が測量に使っているのは六分儀（ろくぶんぎ）という）。

久保山愛吉無線長が打電しなかったのは正しい判断だったと言われている。アメリカ軍に受信されたら船は沈められてしまうと思ったようだ。船のオーナーが「スパイにされたらたまらない」と言ったのは、米ソの冷戦が緊張していたからだ。ソ連は、1949年に最初の原爆実験をしていた。

第五福龍丸の被曝、乗組員の入院がマスコミで報道されると、魚は売れなくなり、すし屋にも客が入らなくなったといわれている。東京・杉並区の魚屋さんが公民館の集会で訴え、原水爆反対の署名運動が全国的に行われる。

そういう中で、この映画は作られた。宇野重吉、乙羽信子、稲葉義男、殿山泰司、永田靖、永井智雄、小沢栄太郎といった当時の一流の俳優たちが重い演技をしているのは、原水爆の実験に監督も俳優も反対していたからだろう。林光の音楽も重厚である。

福龍丸が解体されるとき、船主が「福龍がかわいそうな気がする」と言ったのが印象に残る。

映画は久保山愛吉の葬儀で終わる。

その後の乗組員のことは石川逸子の詩集『ロンゲラップの海』（花神社　2009年）にくわしい。

島田興生の写真集『水爆の島・マーシャルの子どもたち』（福音館書店　1996年）、羽生田有紀文『ふるさとにかえりたい』（子どもの未来社　2014年）も読んでほしい。

第五福龍丸は東京・夢の島公園に保存されている（ＪＲ京葉線・地下鉄有楽町線新木場駅下車10分　9時30分—16時　月曜休館　無料）。

読んでくれましたか？ ── ぼくの好きな日本の映画監督

　1本でも2本でも、観たくなった映画がありましたか。そう、私はあなたを映画ファンにしたくて、この本を書きました。

　私のほうも大変でした。私は感情移入が激しいので、映画を観ていて、泣いたり笑ったり怒ったりしてしまうのです。観終わってからちょっと恥ずかしい。映画と一口で言っても、フィルム映画とデジタル映画は違います。無音のものもあります。ドラマもあればドキュメンタリーもあり、アニメーションもあります。昔は「邦画・洋画」と二分していたのに、今では韓国、台湾、中国、それに東南アジア、アフリカなどの映画もあります。世界の人たちが映画という表現方法をもちいているのです。

　あなたも挑んでみませんか。

　本文には入れられなかった作品を紹介しておきます。日本の映画史には欠かせない作品です。緊張して、ついつい固い文章になりました。私は未熟者なのです。

　収録した映画紹介の初出は、『図書新聞』、『インパクション』、『映画新聞』、『教職課程』、『湘南トリビューン』、『ビキニふくしまプロジェクト会報』、『のらのら』などですが、正確な記録はありません。またいくつかの紹介は私の『シネマの子どもに誘われて』（現代書館　2009年）ですでにあります。が、すべて書き直してあります。

　「うっきー・プロダクション」、「工房ギャレット」、「桜映画社」、「シグロ」、「東風」、「パンドラ」、「ピーターズ・エンド」、「ポレポレタイムス」、「リガード」、「ムヴィオラ」には、DVDや資料を拝借しました。ありがとうございました。武田秀夫さんから小津安二郎のDVDを拝借しました。

　装丁は小林敏也さんですが、その中にあるナトリの似顔絵は、故貝原浩画伯が描いたものです。図録『万人受けはあやしい　時代を戯画いた絵師　貝原浩』（貝原浩の仕事の会　2017年）から転載させていただきました。貝原画伯は小林敏也さんと無二の親友でした。

　子どもの未来社の皆さん、特に編集を担当してくださった堀切リエさん、ありがとうございました。また、野上暁さんにはいろいろアドバイスをいただきました。ありがとうございます。

　そして、この本を手に取ってくださったあなたに感謝いたします。

小津安二郎

突貫小僧
1929年　日本　38分

◆初めに「今日は人攫ひのでそうな日和である」と字幕が映る。サイレントだ。
　かくれんぼをしている子ども。そこに鳥打帽をかぶって口髭の男（斎藤達雄）がやって来る。男は隠れている男の子に目をつける。良さそうな着物を着て、メガネをかけている子に声をかける。「おぢさんがいい隠れ場所を探してやらう」。男はひょうきんな目つきをしたり、口を曲げたりして男の子鉄坊（青木富夫）の気を引こうとする。男の子は疑いもしないで「デンデン虫の顔してごらんよ」と言う。人攫いはそれらしい顔をしてとびはねて舞ってみせる。それを通りがかった娘が見て笑う。人に見られては仕事にならない。なんとか連れ出したものの鉄坊は駄菓子屋で勝手にパンを持ち出してしまう。取り上げると泣いたまねをする。結局、パンのほかに網だのなんだのをたくさん買わされてしまう。公園のベンチで鉄坊は食いちらかし、男の頭に網をかぶせたり、口髭をむしったり。男が怒ると泣きまね。巡査が通りかかったりで男は苦労する。肩車をして、ようやく親方（坂本武）の家に連れて来る。親方の頭にははげがいくつもある。ここでも鉄坊は親方に顔まねをさせたり、親方の口にパンをねじこんだり、酒を流しこんだりのやりたい放題。親方の頭に矢を射ったり、水鉄砲をしかけたり。とうとう親方は子分に言う。「早く何処かへ持ってって捨てて来てしまへ」。男はすごんで「おぢちゃんは人攫ひなんだぞ」と言うが、鉄坊は平気で、派出所の前で、「おーい、人攫ひのおぢちゃーん」と叫ぶ始末。男がもとの場所に置いて逃げようとすると、どこまでもついてくる。

★これは松竹キネマ・蒲田の作品である。サイレント。白黒。9.5ミリ幅の特殊なサイズのものを、国立フィルムセンターと松竹が35ミリサイズにしたという。始めと中ごろ、それに終わりの部分のフィルムが欠落していたのを修復したとある。小津のごく初期の作品だ。徹底的な喜劇である。人攫いの男を斎藤達雄が演じているが、これが見事な当たり役。斎藤達雄は背も高く二枚目で渋い役もいいが、小津作品では喜劇も演じている。『大人の見る繪本　生まれてはみたけれど』（32年）では、会社の上役が撮影機を買って映画を撮るのに剽軽な顔をしてみせる父親役で出てくる。その映画を見た子どもががっかりするのだが、会社員のつらさがわかる。この作品では何といっても子役の青木富夫である。人攫いをおそれず、やりたい放題、都合が悪くなると泣きまね。考えてみるとある意味で望ましい子ども像である。実際に撮影現場でも

やりたい放題、ひねたりしてなだめるのが大変だったという。この作品で評判を取ったものだから『生まれてはみたけれど』(47年)では役者名が突貫小僧になる。『長屋紳士録』では青木放屁となっている。小津にとっては子役の名前は観客サービスの一つにすぎなかったのだろう。名作といわれる『一人息子』(36年)には爆弾小僧という名前の子役も出てくる。『突貫小僧』の原作者となっている野津忠二も、野田高悟・小津安二郎・池田忠雄・大久保忠素の合成ペンネームであるという。

　小津のサービス精神は旺盛である。『生まれてはみたけれど』のクレジット・タイトルには桃太郎が出てくる。桃の種から出て来た男の子は左手でおちんちんを隠している。映画のタイトルも『お茶漬の味』(52年)、『お早よう』(59年)、『秋刀魚の味』(62年)である。大酒飲みだったそうだ。でも、『全日記小津安二郎』(田中眞澄編　フィルムアート社)を読むと、いかに苦悩していたかが伺い知れる。日本映画の歴史を学ぶうえでも観ておきたい作品だ。

出来ごころ
1933年　日本　100分

◆喜八と次郎が浪花節を聞いての帰り、若い娘がぼんやり立っている。次郎(大日方伝)が止めるが喜八(坂本武)は声をかける。娘は「千住の製糸工場をクビになり、親兄弟もいない。泊るところがない」と言う。同情した喜八は一膳飯屋のおとめ＝かあやん(飯田蝶子)のところに娘を連れていく。翌朝。上半身は裸にお守り札の富夫＝富坊(突貫小僧)は、なかなか起きない喜八の脛をすりこ木でたたく。隣りの部屋の次郎の脛もたたく。喜八に服を着せながら「人間の指はなぜ5本か。4本だと手袋の指が1本余る」と頓知を言う。喜八は「なるほど、よくできてやがら」と感心する。

　飯屋に行くと、おとめが「きのうの娘、当分ここで働くことになった」と言う。喜八は娘の名前(春江)を聞き出しニヤニヤしている。ビール工場でもボンヤリしていた喜八は急に給料の前借りをする。翌日、工場をさぼった喜八はおめかしをして飯屋に行き、春江に新品の櫛をプレゼントする。喜八の部屋に寄った春江に、富坊は軍人の写真などを見せる。春江は次郎の部屋に行きたいと富坊に言う。春江はうれしそうに次郎の机の上を片付けて、ふとんをたたみ、汚れ物を手にする。そこに帰ってきた次郎は機嫌が悪くなる。春江に「お前まさか恩を仇で返すようなことはしめいな！」となじる。「私の気持も」と言うのに「お前の気持ちを考えるほどオレは暇じゃない」ときつい。学校の帰りに富夫は同級生たちに「こいつんちのチャン馬鹿なんだってよ。

本字（漢字）が読めねえ」「工場へも出ないでかあやんちばかり行ってるんぢゃないか」とからかわれ、ケンカになるが負けてしまう。泣きながら帰った富夫は部屋に中で大暴れ。酔って帰って来た喜八に意見をする富坊と親子ケンカになる。ケンカが終って落着いた喜八は「チャンはこのごろどうかしてるんだ」と富坊に謝る。

　★サイレント映画だ。なのにいきなり浪花節だ。浪花節が聴こえてくるような気になるから不思議だ。小屋の中の客も拍子を打ちながら聴いている。床屋の親方はカミソリを研ぐ手つきだ。蝦蟇口を拾った客がそっと中を見るとからっぽ。それをまた放る。のみにくわれた客が立ち上がって着物を振ると、隣の客が立ち上がって着物を振るというギャグが笑わせる。小津のサービス精神がよく表れている。富坊をえんじているのは、『突貫小僧』の青木富夫で、この作でも大活躍だ。眼帯で出てくるのが意表を突く。父親の脛をたたくとき、壁に貼ってある習字は「親孝行」だ。ねぼけている父にシャツを着せるのだから、まあ親孝行なのだろう。飯屋でかあやんに学生服のポケットの穴を繕ってもらい、春江に「坊や」と言われると、ムッとして「3年4組だい」といばってみせる。シャツも着ないで、学生服を着るという具合である。喜八が大事にしている盆栽の葉をむしって怒られると「ワシントンだって桜の木を切った」と言い返す。

　喜八にもらった50銭で、みかん水、ところ天、ねぢねぢ、カリン糖、鉄砲玉、西瓜を一度に飲み食いして具合が悪くなる。喜八も喜八で、そんな富坊に気付け薬のつもりで冷や酒を飲ませる。弁当を持たせないのかとかあやんが言うと「欠食児蔵にしておけば、めしの心配は学校がしてくれる」とおおらかだ。小津がかわいがっていた映画作家山中貞雄の『丹下左膳・百万両の壺』（203,204p）は1935年の制作だが、その中でチョビ安が「どうして二つ目があるか」と頓知を出し「メガネのレンズが2つあるから1つだと余ってしまう」と言うシーンがある。山中は小津を師と仰いでいたのだ。小津は「どうして海の水はしょっぱいのか」という頓知も出している。小津監督は世界的に評価されているが、初期にはこのようなコメディーを作っている。『出来ごころ』の制作は「松竹キネマ株式会社　蒲田映画」だ。蒲田のどのあたりに撮影所があったのだろう。JRの駅ソングは「キネマの世界」だ。

東京物語
1953年　日本　135分

　◆尾道。水道を汽船が行く。ポンポンとおだやかな音が聞こえてくる。汽車も汽笛を鳴らす。平山周吉（笠智衆）・とみ（東山千栄子）の老夫婦が東京に出かける支度を

している。長男は医者をしていて、長女は美容室を営んでいる。夫婦の自慢の子である。が、東京に来てみると、長男の家はさびれた所にある。（東武線鐘ヶ淵駅あたり）。老夫婦を長男の家族、長女、戦死した次男の嫁があたたかく迎える。が、夜、とみは「もっとにぎやかな所かと思うとった」とつぶやく。周吉は「そうもいかんのじゃろ」と取りなす。翌日の日曜日、長男の家族と老夫婦が東京見物に出かけようとしているところに往診依頼がくる。お出かけが取りやめになり、孫たちは機嫌が悪い。長女志げ（杉村春子）の美容室も見習いを1人使っているだけの小さな店だ。志げの夫は気を遣ってくれるが、いかにも"髪結いの亭主"ふうだ。志げは弟の嫁紀子（原節子）に明日、老夫婦を東京見物に連れて行ってくれと押しつける。紀子は休みを取って、2人を観光バスに乗せ、デパートに寄り、自分のアパートに招き、店屋物を取ってもてなす。長男長女はじゃまもののように父母に熱海に行かせる。温泉はさわがしく老夫婦はゆっくりできない。一泊しただけで長女のところにもどると、志げは「あら、もう帰ってらしたの。今夜（私は）組合の講習会がある」と露骨にいやな顔をして2人を追い出す。「とうとう宿無しになってしもうた」と、2人は上野公園に出かけ弁当を食べる。とみは紀子のところに泊めてもらうことにして、周吉は尾道にいたことのある服部（十朱久雄）のところに行く。が、宿泊は体よく断られ、もと署長の沼田（東野英治郎）の3人で飲むことになる。「親の思うほど、子どもはやってくれませんな」と愚痴をこぼし合い、酔いつぶれて、結局は長女の美容室にもどるのだった。志げは周吉をののしる。翌日、老夫婦は尾道に帰っていく。

★小津作品の中でも秀逸。日本映画の最高作の一つである。私も「日本映画ベスト5は」と聞かれたら、この作品を入れたい。家族とは何かと問う作品である。自慢の子が町医者であり、小さな美容室を営んでいることに老夫婦はいささか失望する。でも、長男長女はそれなりに成功しているが、都会の住宅事情は悪く、家に空き部屋などないのが当時の生活だ。医者と美容師という仕事もその日その日の都合で休むというわけにはいかない。邪険にするつもりがなくても長逗留してもらっては困るのだ。良かれと思って行かせた熱海の温泉も、当時は新婚旅行のメッカであり、団体客の歓楽の喧騒の場所だ。眠れぬ夜を過ごした2人は翌朝、海岸に出る。印象的なシーンだ（笠智衆はふけ役を演じるために、背中に座ぶとんを付けていたという）。酒を飲まない笠と東野の酔った演技もおかしい。が、論議は親子の期待、感情をかなり的確についたものだ。とみが泊まった夜には紀子が背中をもんでくれ、翌朝はとみに小遣い銭まで持たせてくれる。戦死した次男の思い出も純化していくだろうし、紀子の親孝行も骨身にしみるだろう。しかし、現実は志げによって表現される。志げは温泉宿の費用を兄に折半しようと持ちかける。母の危篤との電報が届くと、葬式にそなえて喪服を持っていこうと考える。葬儀では大げさに泣く。清めの食事の席では形見分けの品を妹

に言いつける。よさそうな物を持っていく魂胆なのだ。嫌みな娘の役を杉村春子が怪演している。長男長女がすぐ帰京してしまうのに対し、紀子は残って義父の世話をする。紀子に「自分が育てた子どもより、他人のあんたのほうがよっぽどようしてくれた」と語り、戦後も8年たったのだから次男のことは忘れて再婚したらどうかとすすめる。紀子が「私、うそつきなんです」と話すシーンでは観客も涙が止まらない。尾道水道を行く汽船の音、汽車の汽笛。尾道の町並。ここでも時間はゆっくり回り、時代は変わっていく。

　なくした子どものことを思うとき、親はその子の良かったところだけが浮かんでくるらしい。戦死した次男、再婚しないで夫の喪に服している妻。1950年代には、めずらしくないことだった。戦争は終わっても、この爪痕はずっと残る。そのことも描くこの作品は、すぐれた反戦映画でもある。

山中貞雄

丹下左膳餘話・百萬両の壺
1935年　日本　92分

　◆丹下左膳（大河内傳次郎）は射的場の用心棒、つまりヒモをしている。常連客の七兵衛がヤクザ者に殺されたので、残された子どものちょい安に事情を話しに行くが、むごいことなので左膳は言えない。射的場に連れて帰ろうとすると、主のお藤（喜代三）は「私があんな汚い子どもを家に入れると思っているの」と反対するが、結局は家に連れていく。射的場には、柳生家の二男で不知火道場の婿になった柳生源三郎（澤村國太郎）が姐さん相手に鼻の下を長くしている。源三郎は左膳に「柳生家には軍用金百万両がある。その金を埋めた場所の地図がこけ猿の壺に塗りこめてある。その壺を、女房がくず屋に売ってしまったので、くず屋を探している」と話す。左膳は「金の話と喧嘩は大きいほうがおもしろい」などと相づちを打つ。そこに安が来て、「金魚を買ってよ」とねだる。左膳はお藤に「安を道場に通わせよう」と持ちかけるが、お藤は「あの子は寺子屋に通わせます。これからの人間は学問がなくちゃだめですからね」とピシャリと言われる。その寺子屋で安が両替屋の勝ちゃんたちにいじめられると聞くと、お藤には「俺は行かねえぞ」と言いながら、太刀を腰に差すと走っていって、勝ちゃんたちの頭をたたく。勝ちゃんたちがメンコをしていると、安もやりたがる。左膳はメンコがわりに1両小判を渡す。と、勝ちゃんは店から60両の大判を持って来る。安が勝って60両大判を手にするのだが、源三郎の手下の仲間にひったく

られてしまう。両替屋が60両を返せとねじこんでくるが、そんな大金はない。博打に行っても負けてしまう。帰り道、安の父を殺したヤクザ者とすれ違うと、左膳は一刀のもとに切り倒す。困った左膳は不知火道場に道場破りに行く。最後に出て来たのは、源三郎。

　★ちゃんばらという遊びはすたれてしまった。私が子どもだった頃は盛んで、「鞍馬天狗」や「丹下左膳」が人気を集めていた。丹下左膳は片手片目で妖刀を使うのだから、みんながなりたがった（私は1度もさせてもらえなかった）。

　山中貞雄は1932年に監督デビューして、37年に軍隊に入るまでの5年ほどの間に、23本の時代劇を作ったといわれる。38年に中国の戦場で病死してしまった。29歳だった。今残っている作品はこの作品のほかに『河内山宗俊』『人情紙風船』しかない。でも、この3作品を観ただけでも山中貞雄が天才とたたえられることが納得できる。山中貞雄は剣戟ものをコミカルなホームドラマに仕立て直している。左膳は子どもに甘く、連れ合いに頭のあがらない好人物になっている。

　安を道場か寺子屋かどちらに行かせるかでも、あっさりと押し切られてしまうが、安の習字を見ると、「こりゃなかなか手筋がいいぞ、弘法大師だって子どもの頃にゃ」と親バカになる（小津安二郎と山中貞雄は仲良しで『出来ごころ』にもこのギャグが出てくる。「メガネのレンズが2つ」のギャグも出てくる）。安が勝ちゃんたちにいじめられると聞くと妖刀を持って走っていくのだから、「子どものけんかに親が口を出す」どころではない。安がひったくられた60両のために道場破りに行くと、そこは左膳、門弟を次々とやっつけてしまう。道場主は「腹が痛い」とか言ってなかなか出てこない。さんざん待たされた道場主は左膳を破って、門弟たちの前で大いばり（このような道場破りの話は、小泉堯史監督作品『雨あがる』にも出てくる）。安は少しでも足しになればと、壺を柳生屋敷に売りに行く。安を追いかけようとした左膳はヤクザ者の一味に襲われるが、あっという間にたたききってしまう（このシーンがGHQの検閲でカットされてしまい、行方不明になってしまう。その後、発見されたフィルムに音声は入っていなかったそうだ）。こういう映画作家がいたのだ。

人情紙風船
1937年　日本　86分

　◆江戸、深川の長屋では今朝も自殺があった。海野又十郎（河原崎長十郎）は浪人中で、前に父が世話をしたことのある武士のところに行くが、武士はけんもほろろ。又

十郎は武士について質屋の白子屋に行くが、店先でヤクザ者(加藤大介など)に袋だたきにされてしまう。髪結いの新三(中村翫右衛門)は、白子屋に髪結いセット(台箱)を質草に金を借りに行くが、貸してくれない。新三は内緒で博打場を開き、ヤクザの親分弥太五郎源七に狙われている。源七一家は白子屋の用心棒もしている。白子屋の娘お駒は店の手代とできているが、結婚話も持ちこまれている。それを知った新三は、源七の顔をつぶそうと、お駒を誘拐する。そして、お駒を隣りの又十郎のところに隠す。ことを知った源七たちは新三のところに押しかけるが、新三はとぼけている。間に入ったのは、大家の長兵衛だ。やりとりをしたあげく50両で手を打つことになる。大家は源七一家から50両を取った新三をほめまくり、店子もそろって飲みに行く。又十郎も手分けの金をもらい、飲み屋について行く。姉の家に出かけていた又十郎の妻は帰ってきたとき、長屋の女衆が「又十郎さんも悪党だ」としゃべっているのを聞き、又十郎が酔って寝ているのを見て、ことを察する。短刀を出し、又十郎を殺し、自分も死んでしまう。源七に呼び出された新三は一対一の勝負をするが。ラスト。長屋の溝を紙風船が転がっていく。

★河原崎長十郎が失意の底の浪人をみごとに演じている。中村翫右衛門の小悪人新三も小気味がいい。前進座の演技のうまさがいい。この作品、もともとは歌舞伎の「髪結い新三」だ。山中貞雄は「これが遺作とはチトサビシイ」と嘆いていたという。

溝口健二

山椒大夫(さんしょうだゆう)
1954年　白黒　124分

◆森鷗外の作品を原作としている。森鷗外が「山椒大夫」を発表したのは1915(大正4)年、鷗外53歳のときである。映画では冒頭に「人が人として目ざめと持たない平安末期の…」というテロップが流れる。これについてはいろいろな説がある。戦後の民主主義の高揚に溝口健二が乗ろうとしたという人もいるし、『羅生門』でヴェネツィア国際映画祭でグランプリを獲ったので二匹目のどじょうをと大映社長の永田雅一が入れたのだろうという人もいる(DVD版にはこのテロップが入っていない)。百姓の味方をして、無官にされ、筑紫に流された父をたずねに、母玉木(田中絹代)、厨子王(花柳喜章)、安寿(香川京子)、姥竹(浪花千栄子)が旅をしている。父が流されたときの回想が入る。父は厨子王に「人は等しくこの世に生まれてきたものだ。幸

せに隔てがあってよいはずはない」「人は慈悲の心を失っては人ではない。己を責めても人には情けをかけよ」と説き、如意輪観音像（原作では地蔵尊）を授ける。原作では安寿が姉だが、映画では厨子王が年上になっている。花柳章太郎の子の喜章が厨子王を演じるためだろうか。野宿をしようとしていると、巫女（原作では山岡大天という船乗り）が家に泊めてくれるという。翌朝、船は二艘。母子は引き離されてしまう。抵抗した姥竹は海に落とされてしまう。こうして、母は佐渡に、厨子王と安寿は丹後の山椒大夫のところに売られていく。それから10年（花柳喜章と香川京子の登場となる）。厨子王は荒れている。荘園から逃げようとした70歳近い老人の額に焼き印を押す仕事を自分から進んで引き受けたりする。一方、機織の仕事をしている安寿のところには新入りの小萩（小園容子）が入ってくる。佐渡から売られて来たと聞いて、安寿は母のことをたずねるが、もちろん、小萩は知らない。が、小萩は仕事をしながら「厨子王恋しや　安寿つらかろ」と唄う。安寿が問うと、「一時、佐渡ではやった唄で、遊女が唄いだした」という。その佐渡で、玉木は女郎屋から浜に逃げてくるが、捕まり足の筋を切られてしまう。ある日、病死しそうな老婆を山に捨ててこいといわれた厨子王は、安寿といっしょに山に行く。そこで厨子王は脱走を決意する。安寿は厨子王の脱走を手伝い、自分は入水する（宮川一夫のカメラワーク。水面の撮り方が絶妙）。国分寺に逃れ、都に上った厨子王は関白に直訴し、丹後の国守となる。人身売買禁止令、奴隷解放令を出し、山椒大夫一味を国外追放とする。解放された人たちは屋敷を燃やしてしまう（原作では、山椒大夫のところはかえって盛えたとなっている）。厨子王は辞表を書いて1人佐渡に渡る。女郎部屋に玉木はいない。津波に流された村で鳥を追う老女を見つける。老女は「安寿つらかろ、厨子王恋しや」と唄っている。森鷗外は、「見えぬ目でじっと前を見た。その時干した貝が水にほとびるように、両方の目に潤いが出た。女は目が開いた。『厨子王』という叫びが女の口から出た。2人はぴったり抱き合った」と結んでいる。溝口作品では「いつまでもからかわれるわしではないわ」と玉木は小屋に入ろうとする。厨子王は如意輪観音像を母に渡す。観音像にさわっていた玉木はようやく本当の厨子王と認める。そして、安寿のことと夫のことを聞く。厨子王は2人きりになったことを告げ、「父の教えを守ったから会えた」と言う。

　★森鷗外と溝口健二の「山椒大夫」だが、近代合理主義とリアリズム、そして時代の要請ということもあって、違いに興味が涌く。山椒大夫は2人の作品よりもっと古く、説経節（寺院に関わる、あるいは近くに住む人たちが、門付けに行って、宗教的な教えや道徳を、カタルシスを得られるように語った芸能）や、盲目の女性たちが門付けをしながら三味線を弾きながら歌った瞽女唄にも出てくる。斉藤真一著『瞽女・盲目の旅芸人』（日本放送出版協会　1972年）に収録されている「山椒太夫」では、

人買いの船頭から「山岡太夫は人かどわしの大名人。老耄二人は佐渡島へ、二人の餓鬼どもは丹後の国に」と聞かされると、玉木は「われわれは定まる前世の悪因と諦め」るが、「この上の情には親子一世別れとさせてくれい」と訴える。と、船頭はもう一艘の船頭に「親子一世の生き別れとやらの愁嘆をついに一ぺんも見たことはないさらば見物いたさん」とタバコを喫う。残酷さと悲話が強調され、聴衆の涙を誘う。海に落とされた（身投げした）姥竹が、大蛇となって山岡太夫の船を沈めたという話もある。山椒大夫の処分も森鷗外は「一族はいよいよ富み栄えた」であり、溝口健二は「国外追放」であるが、説経節では竹の鋸で息子の三郎に首をひかせる。三郎は百六回ひいたとある。その三郎の首は、行き戻りの山人たちに七日七夜竹鋸でひかせたとある。森鷗外は近代道徳の旗手であるから残酷さを消そうとしたのだろうが、民衆の苦しみと怒りは残酷さを求める。親子一世別れの場面も鷗外はさらりと書き、溝口健二は争う場面を描く。母子再会の場面も鷗外はすぐにお互いに分かり合うように書き、溝口健二はからかわれ続けてきた玉木が、厨子王と気づくまでを謡曲や浄瑠璃の道行のように描く。説経節では、またからかわれているのかと思った玉木が厨子王を棒でたたく。溝口健二は近代道徳を描きたかったのか、民衆の感情と信仰を描きたかったのか。どちらだろう。『雨月物語』でも「蛇性の婬」幽霊若狭の執拗さと魔力を描ききれなかったように、『山椒大夫』でも悲劇を描ききれなかったように私は思う。自分は落武者に殺されて幽霊になっても子を守り、夫を持つという女宮木、兄のために入水してしまう安寿。ここにも女性の献身さが描かれているのも興味あるところだ。溝口健二は 1955 年にはカラーで『楊貴妃』を撮り、同年吉川英治原作の『新・平家物語』を撮るなど、意欲的にジャンルを拡げていくが、遺作となったのは『赤線地帯』（1956 年　モノクロ）で、底辺で男のために尽くす女たちの物語だ。溝口健二は監督としてはとにかく厳しい人で、俳優たちに演技指導はせず、気に入った演技をするまで何時間も待つという人だったようだ。俳優の頭をスリッパでたたいたり、精神病院に行けとののしったりで、今ならパワ・ハラと訴えられそうだ。私生活も乱れていたようで、背中には女に切られた傷があったという。破滅型の芸術家だったのだろう。新藤兼人監督作品『ある映画監督の生涯　溝口健二の記録』（1975 年）は溝口理解の参考になるすぐれたフィルムだ。

名取 弘文（なとり ひろふみ）

1945年東京都荒川区生まれ。早稲田大学文学部卒業。藤沢市立鵠沼小学校などに小学校教諭として勤務し、途中から家庭科専科となる。様々なゲストを呼んでの公開授業など、ユニークな教育実践で知られる。2007年退職。退職後は、「おもしろ学校理事長」を名乗り各地で出前授業をやっている。
主な著書に『おもしろ学校の日々』（教育出版）、『おもしろ学校開校記念日 ─ 好学心とエントロピー』（有斐閣）、『教室から世界へ飛びたとう ─ おもしろ学校の特別授業』（筑摩書房）、『世界と交信する子どもたち』（現代書館）、『こどものけんり』（雲母書房）、『子ども百人相』（パロル舎）、『ここまでやったぞ！ナトセン授業 ─ バクハツするおもしろ総合学習』（現代書館）、『シネマの子どもに誘われて』（現代書館）など。映画・TVに「おもしろ学校のいち日 名取弘文の公開授業」（制作・監督 西山正啓）などがある。

装　丁	小林 敏也
装画（似顔絵）	貝原　浩
本文デザイン	松田志津子
編　集	堀切リエ

ナトセンおすすめ　ＹＡ（ヤングアダルト）映画館

2018年7月30日　第1刷印刷
2018年7月30日　第1刷発行

著　者	名取 弘文
発行者	奥川　隆
発行所	子どもの未来社

〒113-0033 東京都文京区本郷 3-26-1-4 F
TEL 03-3830-0027　FAX 03-3830-0028
E-mail : co-mirai@f8.dion.ne.jp
http://comirai.shop12.makeshop.jp/

振　替　00150-1-553485
印刷・製本　中央精版印刷株式会社

©2018　Natori Hirohumi Printed in Japan
＊乱丁・落丁の際はお取り替えいたします。
＊本書の全部または一部の無断での複写（コピー）・複製・転訳載および磁気または光記録媒体への入力等を禁じます。複写を希望される場合は、小社著作権管理部にご連絡ください。

ISBN978-4-86412-138-5　C0074　NDC778